Anerkennung oder Unvernehmen?

Eine Debatte

霍耐特
选集

Axel Honneth
Jacques Rancière

承认还是歧义？

一场辩论

〔德〕阿克塞尔·霍耐特 〔法〕雅克·朗西埃 著

蓝江 刘利霞 译

上海人民出版社

国家社科基金重点项目（编号：19AZX003）资助

目　录

从直觉到理论

——我走向承认学说之路

　　人们通常会这样说，任何理论都根植于一种前科学经验，后来被表述为诸多普遍化陈述之复合体的东西，早已萌芽于其中了。即使这个论断或许不无夸张，但在理论往往反映了远在系统化知识阶段之前就获得的洞见这一点上，它大概还是正确的；追踪成长过程中这样的深刻印象并给予其可普遍化的形式，往往正是这种愿望，开辟了从最初的直觉到理论形成的道路。对自己的理论信念的这种自传式起源进行说明，是自身启蒙的永恒且绝无休止的任务的组成部分：关于我们如何成长为今天的自己，我们越是捉摸不透，就越不能放弃至少弄清楚这个混乱发展过程中那些碎片的努力。人们或许应该把我接下来将要进行的内容设想为这样一种自身启蒙努力的组成部分：我想向自己澄清，我是如何从一些最初的、还是完全散乱的经验，走到了我的承认理论今天这种形式的。

一

　　我青年时代所经历的，与我的同时代人中那些像我这样出身于殷实的中产阶级家庭，从而相对无忧无虑地长大的人似乎没有多么不同；我们出生在二战结束几年之后，成长于一个即将经历巨大经济繁荣的国家；这种繁荣轻易地就排挤掉了人们对纳粹罪行的回忆，并让他们仅仅向前看，只将目光投向一个更美好的未来。在20世纪60年代早期，当我从小学升入文理中学的时候，经济繁荣也逐渐让联邦共和国的更低阶层受益，他们现在领取更高的薪水，并希望能够让自己的后辈获得社会地位上的提升。结果是，越来越多的来自传统的劳动者阶层的孩子被父母送到"更高级的"学校，这些学校从而由于其守旧的、取向于资产阶级价值的教育使命而很快就不堪重负；不仅文理中学没有充足的学习名额来应对涌入的学生，"有教养的资产阶级的"教学计划也不适合于为这些对技术性职业更感兴趣的年轻人助一臂之力。于是在一些政治家和知识分子的压力下，一开始还犹豫不决的教育改革，从1965年后便在一片批评声中由官方坚决地进行，这项教育改革对我在文理中学的学习生涯的影响，在本质上要大于那个时代许多其他的事件和动荡；回顾此生，我认识到这些经验是我对社会承认产生兴趣的源泉之一，所以它值得更详细地阐述一下。

　　对于一个出生于医生家庭，在50年代家境相对富有并在联邦德国被抚养长大的年轻人来说，教育改革的第一步就已经意味着对他那种战后中产阶级此时仍然孤芳自赏的生活的一种炸裂。在此之后，他们直到在文理中学的头几年还只是与家境类似的人一起度过，也就是跟药剂师、律师、经济顾问或者医生的孩子们一起玩耍，一起成长，而现在这些十二三岁的年轻人第一次碰到属于一个不同的、首先是在习惯和生活风格上陌生的阶级的青少年。这个巧合或者是我的性格让我尤其愿意跟来自这个阶层的同学们友好相处；作为采矿职工的孩子，他们大多生活在被隔离的城区，因为职工居住在离传送设备尽可能近的地方，这在采煤业是很常见的。我们作为朋友，时不时地会去拜访对方的家庭，或者是为了一起完成家庭作业，或者是为了我们的一些共同的兴趣爱好——大多数情况下是踢足球，它让我们的兴趣突破了阶级的界限。在我骑着自行车去他家的路上，某种程度上说就算是一种社会探险了，沿着这条路，我从南部满是粉刷一新的独户住宅的富裕城区，骑行到北部那些满是烟炱、黑乎乎的住户区，那里居住密度要高很多，并且从外面就已经可以看出这些家庭的穷困。但是比起这段路程，我能够更加准确地回忆起的是每次走进朋友的住所时迎面袭来的那种感受：每当我看到这个居住条件的窘迫和屋内布置的简陋时，羞愧、不安和同情的一种难以分清的混合情绪就不由自主地占据了我内心。每当这样的时刻，我就会惶恐地以为，我在朋友的表情和手势中看出了类似的心潮起伏，只不过是在相反的方向：我感到羞愧和同情，是因为我父母的房子装修得要豪华很多，从而就能够提供给我更多的个人发展空间，这样朋友就会感觉到羞愧和不安，因为我必定已经将他生活环境的贫穷和童年的社会窘境清楚地看在眼里了。在接下来的时间里，这种奇怪的扭曲关系在我们之间的情绪反应中从未被主题化，对此我们始终坚持沉默，但是很快就不再到对方家中拜访；此后我们在足球场、去划船的地方或者其他休闲娱乐场所碰面，也就是在中性的地点，以不费言辞地避开各自阶级地位带来的羞愧的压力。

对这些社会的情感波动的觉察，仿佛已结成了一条细线，将我引向日后的理论好奇心的心点（Fluchtpunkt），我此时开始对地位差别和社会不平等处境的情绪后果这个主题进行更为广泛的探究。那时我是个坏学生，但在课外却是一个热情的读者，这一度首先意味着，翻遍那个时代的文献，看看哪里有关于社会弱势或社会优势的经验可读，我屏住呼吸狼吞虎咽地浏览了当时的很多东西，那些作者都对碰到与他们的社会出身和阶级状况存在极大差异的人时的那种感受做了细致入微的描写。但是我永远不会忘记，我是带着何种恐惧的绝望彻夜阅读阿瑟·米勒（Arthur Miller）的戏剧《推销员之死》（*Tod eines Handlungsreisenden*）的，20 世纪 60 年代这部戏剧在联邦德国的很多戏台上非常成功地演出过；维利·罗曼（Willy Loman）出于羞愧而要努力对他的家人隐瞒其职业上的失败，所以他就逃避到一种幻想的社会成功的世界里，他的命运在任何理论知识之前很早就被我预感到了，即他不得不生活在失去社会尊重的恐惧之中。[1]

---

[1] Arthur Miller, *Tod eines Handlungsreisenden. Gewisse Privatgespräche in zwei Akten und ein Requiem*, Frankfurt/M. 1987.

二

当时对美国戏剧的热情甚至让我在中学毕业之后马上做出将来去学习戏剧学的决定；那时，我认为舞台是形象地说明和探讨我在中学时代已经深入思考过的社会主题的最适宜的媒介。然而一旦认识到，学习戏剧学要求自己必须演戏的时候，我便由于对任何公开登台表演的胆怯而放弃了这个计划，取而代之的是，决定尽可能多地学习我可能获得关于社会尊重对一个人生存意义的解答的学科。我开始学习哲学、社会学、日耳曼语文学和心理学，四个学科的组合在当时联邦德国的大学还是被允许的。若非我在文理中学时就具有的工作热情和纪律性，否则现在很快就迷失方向了；我现在阅读和研究的是在最宽泛意义上与这个问题——人们的自身理解和认同是如何被社会地位所影响的——相关联的所有东西。然而，我不得不很快就认识到，心理学和日耳曼语文学对这些题材范围只是做出了非常边缘性的贡献：在 20 世纪 70 年代初，心理学仍然受到伟大的发展心理学家皮亚杰（Piaget）的强烈影响，他曾吸引着我并且我至今还在研究他，但是心理学却几乎没有对自身价值和自尊心的感受的社会塑造做过专门的探索；日耳曼语文学则相反，处于一种理论爆发和重新定向（Neuorientierung）的状态之中，因为对文学文本的形式和内容的历史印迹的唯物主义追问一下子凸显出来，但是新的、大有希望的进路还没有足够发展起来，以实际地说服我这个青年学生——取而代之的是，我紧紧扣住原始文本，并开始研究青年卢卡奇和阿多诺的美学著作。从而，我在波鸿大学——一所年轻的、几年前刚刚建立的高校——学习的中心点就只是哲学和社会学；我聚精会神地学习它们，日耳曼语文学只是顺带着学，而心理学的学习在此期间则被完全放弃了。但是我当时几乎不可能在我最为感兴趣的这两门学科之间建立一种富有成果的结合：在社会学领域，我首要地研究阶级结构、特殊阶层的社会化（schichtspezifischen Sozialisation）和冲突分析等方面的问题，在哲学领域占优先地位的是批判理论、德国唯心主义以及阿诺德·盖伦（Arnold Gehlen）和赫尔穆特·普莱斯纳（Helmuth Plessner）的哲学人类学，他们吸引我并常常让我入迷。这种不能将感兴趣的两个领域交叉起来的状态，持续了两三年，直到我在柏林自由大学社会学系获得一个学术助理的职位后才结束，这个职位被委托的任务是在一个可预见的时间段之内写作一篇博士论文。我与当时的朋友汉斯·约阿斯（Hans Joas）写作的一本小册子，属于我为了开展这个计划而进行的准备工作；在其中我们尝试以某种方式清理哲学人类学传统，这种方式将让人们知道，人类所有的特定能力都是植根于其生活形式的主体间结构之中的。[1] 在这条道路上，我逐渐成功地实现（也走了许多弯路）将我青年时代就开始研究的主题进行重新表述，即开始描画哲学与社会学之间清晰的结合点——我的智识发展的这一篇章，对我的承认理论版本的发生来说太重要了，它理应得到详细一些的陈述。

---

[1] Axel Honneth, Hans Joas, *Soziales Handeln und menschliche Natur. Anthropologische Grundlagen der Sozialwissenschaften*, Frankfurt/M. 1980.

三

在 70 年代的进程中，当我坚定地追随哈贝马斯而注意到批判理论传统中某些依我之见应该被消除的欠缺的时候，我的哲学兴趣就有些变浓了；我认为由阿多诺和霍克海默提出的理论的一个核心缺陷是，他们过于强烈地被如下观念所主导，即所有主体无论其群体归属如何（Gruppenzugehörigkeit）都毫无反抗地被编入资本主义的社会体系之中。在努力适当地理解社会诸群体的反抗追求的过程中，我当时在社会学中的一些具体化的兴趣又反过来有所助益；因为在我的社会学学习框架内，我碰到了一系列的理论方法，它们想表明社会底层支配着其本身的解释策略，以此来应对其受到的社会蔑视和承认缺乏——这个时候皮埃尔·布尔迪厄（Pierre Bourdieu）、理查德·森内特（Richard Sennett）和由斯图亚特·霍尔（Stuart Hall）建立的当代文化研究中心（CCCS）诸成员的研究对我产生了决定性的影响。[1] 从哲学兴趣和社会学兴趣的这种混合出发，我得出了一个计划，即在我的博士论文中通过给被压

---

[1] Pierre Bourdieu, *Die feinen Unterschiede. Kritik der gesellschaftlichen Urteilskraft*, übersetzt von Bernd Schwibs und Achim Russer, Frankfurt/M. 1982；Richard Sennett, Jonathan Cobb, *The Hidden Injuries of Class*, New York 1972；Stuart Hall, *Selected Writings on Marxism*, Durham/London 2021. 关于布尔迪厄，可参阅我后来发表的文章：Axel Honneth, "Die zerrissene Welt der symbolischen Formen. Zum kultursoziologischen Werk Pierre Bourdieus", in: ders., *Die zerrissene Welt des Sozialen. Sozialphilosophische Aufsätze*, Frankfurt/M. 1990, erweiterte Neuausgabe: Frankfurt/M. 1999, S. 177—202。

迫群体的颠覆性反抗潜力，并借此对所有社会整合的冲突性（Konflikthaftigkeit）予以更大关注，从而弥补早期批判理论的欠缺。但是接下来在我起草计划的过程中，一种完全不同的理论突然之间将我吸引住了；那是在我当时主持法国后结构主义研讨班的过程中，我一下子明白了，福柯的权力分析与早期法兰克福学派之间显示出了某些引人注目的共同点，继续研究它们必定会非常富有成果。所以我再次放弃了我博士论文的最初计划，以用一个我确信是更好和更加富于成果的计划来替换之：现在我想借助福柯的权力分析来证明阿多诺和霍克海默的批判理论的欠缺，也就是表明后者恰恰缺乏一种社会冲突性和持续争辩性（Umkämpftheit）的观念，而这却处于前者理论的中心；接下来的第二步，在一种反向运动的过程中，通过关于福柯的诸多分析，如下这点被展示出来，即它们没有对关于这种冲突和争端在一个社会中到底是由什么推动的这个问题做出适当解释，因为这样就需要提及社会底层的规范性期待——正如前面提到的布尔迪厄、森内特和当代文化研究中心非常丰富地将其主题化的那样。

从这个修订后的计划出发，我在70年代后期写就了我的博士论文，这篇论文本来是以对一种新的、还未获得的"社会斗争"概念的展望来结尾的；我已经清楚，社会只能被适当地理解为诸多竭力争取尊重和地位的群体之间那种受限于时间的妥协"凝结"为制度的结果，而我还不清楚的则是，这种冲突或斗争在概念上如何能够被适当地"拼写"出来。在我快要结束博士论文写作的时候，偶然发生了一件非常幸运的事情，我异常惊喜地接到于尔根·哈贝马斯的电话，他询问我将来是否愿意到法兰克福大学任他的学术助理；由于我的博士论文还没有完全结稿，所以我不得不拒绝，而他则改为给我提供为期一年的研究奖学金以替代之，随后，我在移居法兰克福之前接受了这笔奖学金。哈贝马斯提供的这个奖学金给了我一个机会，将此后不久即将结稿的博士论文补充进关于哈贝马斯社会理论的很长的一章，从而将其完善为一本专著。1985 年，也就是在我产生关于这篇论文的第一个想法的整整十年之后，我的博士论文的扩展版在苏尔坎普出版社（Suhrkamp）出版，名为《权力的批判：批判社会理论反思的几个阶段》[1]；这次出版在很多方面都可以被视为我后来的承认理论的预备阶段。

在我的这本著作中，我试图分三步表明，（1）阿多诺和霍克海默的早期批判理论没有充分考虑到社会冲突（包括在晚期资本主义社会中）的持续存在；（2）而福柯则相反，他不无道理地将这样的冲突视为任何社会秩序"永久的"基础，但是他未能真正地提出其规范性的动力源；（3）最后，哈贝马斯尽管正确地分析了所有社会整合的规范性约束，即他探究了日常行为中对尊重的交往性期待的交互性，但是却忽视了这个领域中相应规范的持续不断的争议性。在研究的结尾处，我指出了有必要从冲突的道德根源去对相互交往（Umgang）的规范进行更详细的研究。因此，社会冲突在核心处总是展现为一种为了

[1] Axel Honneth, *Kritik der Macht. Reflexionsstufen einer kritischen Gesellschaftstheorie*, Frankfurt/M. 1985.

社会承认的斗争这个观念虽然还未诞生，但是拐入以上勾勒出的这个方向已经是摆明的了。我的智识发展的下一步将是，从我此时为止的思考出发，借助于对青年黑格尔的回溯，推导出相应的结论。

四

这时已到了 1984 年，我在这一年中从柏林搬到了法兰克福，在这里我开始担任当时哲学系新聘的哈贝马斯的教席学术助理。这时我的兴趣自然而然地开始非常强烈地指向哲学的论题，但我却不想让社会学完全淡出视野之外。因为我已出版的博士论文依然有悬而未决之处，就是并未实际地澄清以道德方式推动的持续社会冲突概念，我并不想直接地攻克，而是迂回地接近它。为了这个目的，我的教学活动和课外阅读首要地关注法国哲学和社会理论的传统，我推测其中存在一种对社会冲突性的意义的强大感知能力；所以在我的研讨班大纲中就出现了卢梭、列维-斯特劳斯（Claude Levi-Strauss）、科内琉斯·卡斯托利亚斯（Cornelius Castoriadis）、福柯和布尔迪厄等人的理论，这些理论总是以这样或那样的方式让对社会群体之间斗争的原因的追问成为主题。我的智识发展的这一阶段的成果是几年之后汇编进文集《分裂的社会世界：社会哲学文集》（*Die zerrissene Welt des Sozialen. Sozialphilosophische Aufsätze*）的诸多论文，在这本文集中，我同时还想将法兰西思想与批判理论进行比较。[1]但是这个研究并未实际地让我接近如下问题的答案，即社会群体的声誉和社会地位如何能够与一种社会内在冲突相关联。在我智识发展的这个节点上，我才想起我早年在波鸿鲁尔大学的研讨班，这些研讨班中讲授的往往是黑格尔的核心文献，因为那里的许多教授和同事都在坐落于彼处的黑格尔档案馆工作。我依稀记得，在这个背景下我多次听到黑格尔关于承认对个体意识之影响的洞见，但是当时并没有将其与我早年的如下经验建立联系：社会差异在自身价值感中的影响是产生羞愧。初次阅读黑格尔的情景我已几乎回忆不起，而在法兰克福的研究所，我确实已经开始在我的研讨班里翻新他的承认理论了。除了《精神现象学》——在我看来，它对承认在"主人与奴隶"一章中的角色论述仍然是不清楚的——之外，我在这些教学活动中首要地致力于黑格尔耶拿时期的早期著作；给我的印象是，黑格尔在这里对其走向承认概念（Anerkennungsbegrifflichkeit）的原初动机的呈现要清晰得多，从而也比在其后期著作中更容易把握。

在 80 年代后半期，我对黑格尔的研究越是深入，就越是强烈地萌生这样一个计划，即我的教师资格论文将致力于尝试借助黑格尔的承认理论来解决适当的社会冲突概念这个被搁置起来的问题；具体而言就是想要表明，正是自卑的贬低和顺从的经验，时常推动着个人和群体去反抗占统治地位的社会关系。但是很快我就不得不发觉，捍卫这样一个强有力的论题所

---

[1] Axel Honneth, *Die zerrissene Welt des Sozialen. Sozialphilosophische Aufsätze*, a. a. O.

需要的，远不只是对黑格尔的一些早期著作的相应阐释；他那关于"为承认而斗争"在社会性构成中的角色的简明的、意识理论的论述，如果要被引来作为批判的社会理论的基础的话，在某种程度上还需要一种现实化的"翻新"（Auffrischung）。从这些思考出发就逐渐产生了我的教师资格论文计划，我希望在我担任法兰克福大学为期六年的高校助理工作结束之前完成它：当时关于黑格尔的承认学说正好已经出版了一系列富有价值的研究论著，[1]这个学说应该借助于一些源于心理学和社会学的理论得到补充，并作为一个解释框架被呈现出来，这个解释框架将使得如下这点成为可能：把社会发展解释为社会群体之间为了它们的身份诉求而斗争的结果。为了让这个强有力的论题有说服力，我首先感兴趣的是，通过松散地借鉴黑格尔的初始著作（Ausgangsschriften）区分出的对"身份"承认的要求的不同"层级"：无论是在亲密关系中争取自身需求的情感顾及，还是在社会环境中争取对个人人格独立的尊重，抑或是在道德上志同道合的共同体中争取对自身成就的赞许，依我看来都是相互区别的——由此便得出了我尝试对相互承认的各个形式之间做区分的三分法。关于承认对个人身份的获得和维持的意义，我当时认为正在被广泛讨论的米德（George Herbert Mead）社会心理学能够提供一种补充性的支持；毕竟米德与

---

[1] Vgl. Ludwig Siep, *Anerkennung als Prinzip der praktischen Philosophie. Untersuchungen zu Hegels Jenaer Philosophie des Geistes*, Freiburg/München 1979; Andreas Wildt, *Autonomie und Anerkennung. Hegels Moralitätskritik im Lichte seiner Fichte-Rezeption*, Stuttgart 1982.

黑格尔类似，他将一种稳定的自身意识的发展设想为一种本我（eigene Ich）通过将他人承认的视角内在化而形成的一个逐级发展的组织过程——开始要具体一些，接着就越来越抽象。[1]另外我想借助精神分析学家唐纳德·温尼克特（Donald Winnicott）的客体关系理论，突出我首次提出的不同承认形式对儿童自身价值感的发展的根本性意义；最后我计划通过借用萨特和弗兰茨·法农（Frantz Fanon），来说明应该构成社会承认之获取的一个稳定要素的斗争概念。

正如时常发生的那样，我在制定所有这些浮夸的计划时并没有充分顾及自己紧张的时间期限，即便现在也是如此。为了让被构思为教师资格论文的那部著作在我还在任哲学系学术助理期间就能够提交，我必须首先取消许多曾构想的附加要素，从而只能呈送一个在追求承认和为承认而斗争的视角下的黑格尔早期著作阐释。1989 年秋天，也就是在民主德国和联邦德国之间的围墙在民主德国的抵抗运动的压力下倒掉前不久，我以这部著作在法兰克福歌德大学获得了教师资格。又是一次纯粹的幸运，我正在完成教师资格论文时就收到了柏林科学学院的邀请，作为学院成员在那里度过了 1989—1990 这个学年。柏林墙的倒塌使得当时科学学院聚集起来的科学家圈子处于骚乱和兴奋（Begeisterung）之中，尽管如此，我还是成功地利用这段时间修改和扩展了我的教师资格论文；从而这篇论文能够在经过进一步润色和修辞上的改进之后，最终于 1992 年在

---

[1] George H. Mead, *Geist*, *Identität und Gesellschaft*, Frankfurt/M. 1973.

苏尔坎普出版社作为专著出版。[1]

　　此书关乎我为批判理论重新奠基的希望，不仅在规范性方面，而且也在解释性方面。关于它的解释性内涵，为承认而"斗争"的方法将有利于弄清楚，被压迫群体总是一再地与统治性社会秩序发生冲突的动机和根据；也就是说，只要这样一种社会秩序还在按照不平等的尺度考虑不同群体的利益和身份，只要这个不平等的尺度还反映在负担和特权的制度化分配之中，那么弱势群体迟早会努力反抗这一统治性的承认秩序，以使他们被压制的利益获得其应得的承认。为了理解我当时为什么赋予我这本书的解释性目标以特别价值，必须简短地回顾一下70年代和80年代冲突理论的趋势：那是一种将任何社会冲突都回溯到纯粹工具性兴趣（无论是经济上的收益还是政治上的权力）的强烈偏好，进而就遗忘了反抗的真正的道德驱动力。为了抵制这种倾向，我接着想强调一些新近的历史研究，[2]表明这种类型的冲突更频繁地是通过被拒绝承认和蔑视的经验刺激起来的，也就是说最终是通过具有道德根源的动机刺激起来的。

　　我想将我的构想的规范性目标设定与这个解释形态以如下方式结合起来，即在争取承认的斗争中总是能发现对规范性诉求的表达，这些诉求必须是在未来占统治地位的社会秩序的规则中才生效的。我当然明白，这个策略要求在获得辩护的

[1] Axel Honneth, *Kampf um Anerkennung. Zur moralischen Grammatik sozialer Konflikte*, Frankfurt/M. 1992, erweiterte Neuausgabe: Frankfurt/M. 2003.
[2] 例如参见: Barrington Moore, *Ungerechtigkeit. Die sozialen Ursachen von Unterordnung und Widerstand*, Frankfurt/M. 1982。

和不可辩护的社会承认诉求之间做一个能够普遍化的区分——
因为我只能将对承认的如下这种需求理解为以道德方式得到论
证了的，即它事实上要指向统治性社会秩序的一种现存的非
正义（Ungerechtigkeit），从而就拥有某种规范的有效性。当
时我想，能够通过对一种社会生活形式在伦理上做先行把握
（Vorgriff）来解决这个困难，在这种生活形式中所有主体都得
到了完全的承认；从这种预期的最终状态（我曾想将其把握为
一种"伦理的形式概念"[1]）出发，那么就可以回溯性地洞见
到——至少我是这样希望的——哪些承认诉求可以被理解为走
向那些能够被视为得到辩护的诉求的道路上的步骤。就像我关
于《为承认而斗争》的研究中的诸多其他论题一样，我很快也
放弃了这个规范性策略。从而现在就行进至我将要过渡到的如
下节点，即对我在紧接着的几年中就拙著中提出的理论进行的
修订做一个概观。

在这个原初的构想中我至今仍没有放弃的东西，是对相
互承认的三种不同形式之间的区分，正如其在亲密关系、社
会权利关系和价值共同体的成功形式中所呈现的那样：在第一
类关系中，参与者作为拥有独特的需要本性的个体而相互承
认，在第二类关系中，参与者作为有责任能力从而享有个人自
主的人格而相互承认，而在第三类关系中，参与者最终是作
为对共同体富有价值的能力之主体而相互承认——第一种承认
形式我称之为"爱"或者"关怀"（Fürsorge），第二种为"尊

---

[1] Axel Honneth, *Kampf um Anerkennung*, a. a. O., Kap. 9.

重"（Respekt），第三种为"赞许"（Wertschätzung）。我事实上至今也没有对这个术语表做任何实际的改变，只不过我在将近二十年之后对后两种承认形式还是做了进一步区分——就此我还会谈及。不过，我在《为承认而斗争》出版后不久就已经在许多富有成果的讨论中清醒地意识到，我或许不能将我的三分法如我曾经顺势而为的那样普遍化。尽管我在重建现代权利发展为独立的承认形式的历史时刻的过程中已经明白，承认的不同类型并没有取代任何历史；但是我恰恰并未由此推出邻近的结论，将承认形式的发展和分化理解为一个彻彻底底的历史发生过程。但是借助于这个历史化，我接下来必须扬弃如下观念，即借助于某种理想化而预期一种人们之间完全承认的最终状态；如果它处于历史长河中（远不是我曾想的那样）的话，人们也就无从知晓，为承认而斗争的历史过程将会在什么地方终结。就此而言，我接下来迅速意识到我另外也必须寻求获取在得到辩护和不能够得到辩护的承认要求之间作区分的规范性基础，正如我之前所做的那样。所有这些细小的，但是接下来总数却相对巨大的修正，是我在1990年底开始的与美国哲学家南希·弗雷泽（Nancy Fraser）之间进行的争辩的准备阶段做出的。在我智识发展中开启的这一新篇章，我必须单独陈述。

五

我在柏林科学学院为期一年的研究工作（我利用这段时

间修订了我的著作）刚刚结束，就很幸运地收到康斯坦茨大学哲学系的一个教席的聘任。这样我就开始了一段对深化我的哲学知识和取向贡献良多的时光，因为那里的同事们支持着繁多的、我至今都不甚了解的理论传统。我计划暂时不出新的专著，而是撰写论文，以更加确切地界定我与老一代和新一代的批判理论之间的关系；整体上说，我的智识发展的这个阶段更多地是处理新的冲动和扩展理论视野，而不是追求迅速的发表。在康斯坦茨任职仅仅三个学期后，我于 1992 年更换到柏林自由大学，在奥托·苏尔研究所（Otto-Suhr-Institut）就任政治哲学教席。那时我首先是为《墨丘利》（*Merkur*）杂志撰写关于社会学和哲学论题的短评；其中的一部分我在若干年之后集成一本小书《瓦解》（*Desintegration*）在费舍尔出版社（Fischer-Verlag）出版。[1] 在教学活动中我与一群优秀的学生一起研究政治哲学传统，同时也探究我本人的立场与批判理论传统之间的差别。在结束了这段平静的，但也是工作繁重的阶段之后，我才于 1995 年，即在纽约社会研究新学院任为期一年的客座教授期间收到了法兰克福歌德大学的聘请，在那里我将成为哈贝马斯在哲学系的继任者。我毫不犹豫地接受了这个聘请，感到从纽约返回之后，就有责任在我的新教席上，以特别的、无论如何是与我的前任的"光芒"相关联的方式继续发展我自己的理论。在接下来的岁月中，我首要地专注于两个主题。

---

[1] Axel Honneth, *Desintegration. Bruchstücke einer soziologischen Zeitdiagnose*, Frankfurt/M. 1994.

我在新工作地研究的一个分支是致力于如下问题，即法兰克福学派的不同代表人物对统治性关系进行批判的方式，到底应该如何把握。完全显而易见的是，从阿多诺经霍克海默到哈贝马斯，他们一方面努力用现存社会自身宣告和制度化的规范来衡量这个社会，以能够用内在批判的方式将这样一种社会状态描述为与那些规范相矛盾的非公正性；同时，在这种"内在批判"之外，也存在着完全不同的努力，不是将社会关系简单地作为不公正的社会关系来批判，而是将其作为我们整个生活形式的过失（Verfehlung）来把握。这第二种形式的批判同样地在法兰克福学派的所有著作中都可以找到，我接着哈贝马斯将其刻画为对"社会病症"的诊断；对以上勾勒的主题，我的兴趣是如此之大，以至于我专门撰写了一篇较长的论文来探讨它，在其中我探究了这种批判形式的理论史起源和诸多方法论问题。[1] 这个新的兴趣领域以一种令人惊奇的方式与我当时研究工作的第二个分支和谐一致。20世纪90年代后期，在我的智识发展中我首次深入研究黑格尔的《法哲学》；在过去，我跟随传统的解释潮流，常常认为这本著作是保守的，对承认理论也无关紧要，以至于我并未对它花费很大力气。现在当我意识到黑格尔在这部著作中不仅将正义理论的目标与一种病症诊断的意图以令人印象深刻的方式连接在一起，而且它还为承认理论准备了许多未被突出的宝藏之时，情

---

[1] Axel Honneth, "Pathologien des Sozialen. Tradition und Aktualität der Sozialphilosophie", in: ders., *Das Andere der Gerechtigkeit. Aufsätze zur praktischen Philosophie*, Frankfurt/M. 2000, S. 11—69.

况就出人预料地改变了。阿姆斯特丹大学 1998 年向我发出邀请，请我在紧接着的那个夏季学期到那里去担任斯宾诺莎客座教授，在那里，我利用这个机会，将我对黑格尔《法哲学》的深入研究作为斯宾诺莎讲座（Spinoza-Lectures）提交出来；由此便产生了两年之后我的小型研究《不确定性之痛：黑格尔法哲学的再现实化》（ Leiden an Unbestimmtheit. Eine Reaktualisierung der Hegelschen Rechtsphilosophie ），这本书是由雷克拉姆出版社（ Reclam-Verlag ）出版的。[1]

　　黑格尔的这部著作首先让我激奋的除了正义理论与病症诊断之间的连接之外，就是其在伦理领域中三种承认形式相互区分的独特方式；它在社会学的观察力和道德哲学的锐利眼光上远远超过了黑格尔在其早期著作中已经草拟出的东西。黑格尔在其关于"伦理"的那章中将三种承认形式描述为互动关系，在其中，参与主体意识到共同分担的价值而自愿地承担社会角色，这些角色让他们相互之间有义务通过他们的补充性地相互交错的行为而服务于他们共享的善。这是一种社会学收益，它使得如下这点变得更容易理解，即相互承认往往包含着补充性义务的履行；但是在这个"社会学"收益之外，《法哲学》的整个架构也让承认形式根本不可能涉及非历史的、普遍地给出的互动关系这一点清楚明白；完全相反的是，黑格尔在他的文本中始终意识到，他不仅将现代的、"浪漫主义的"爱的形式，也将"市民社会"中市场参与者之间的承认关系视为历史

---

[1] Axel Honneth，*Leiden an Unbestimmtheit. Eine Reaktualisierung der Hegelschen Rechtsphilosophie*，Stuttgart 2001.

的晚近成就。这种对承认形式的历史相对化，也就是黑格尔的如下信念，即主体之间相互承认的方式随着历史过程的进展而变迁，让我最终确信我最初设定的关于承认模式的那种固定不变、一劳永逸地确定的三分法是错误的。我对我的原初方法的相应修正，是在与南希·弗雷泽的政治学—哲学争辩过程中首次明确地进行的。

我与弗雷泽之间同事般的友谊要回溯到1996年，那一年我是作为社会研究新学院哲学系的特奥多-豪斯教授（Theodor-Heuss-Professor）度过的；当时我们就计划以书面争辩的形式来探讨我们对承认的社会角色的不同观点，这个探讨随后在可能的情况下或许会出版。然而，因为我们二人同时都参与很多其他的研究项目，所以这个计划拖延了将近五年。在这本合作的论著（它最终产生于我们之间的思想交流）中，我首次总结了我当时对我的承认理论的最初构想所做的修改。[1] 基于异议、讨论和进一步的阅读，我当时至少在三个方面获得了不同于我在《为承认而斗争》中所阐述的观点的见解：首先是现在我更清楚了，人们能够将一个特定时代既存的承认形式的社会总体有意义地理解为一种"承认秩序"；从而我希望铸就一个概念，以让人们认识到在任何社会中，通常是在各种不同的社会领域内存在着不同的相互承认形式，但它们一起却必定给出了社会文化再生产的一个有支撑能力的基础，从而它们相互之间也就不可能存在过大的矛盾。正如前面已经

---

[1] Nancy Fraser, Axel Honneth, *Umverteilung oder Anerkennung. Eine politisch-philosophische Kontroverse*, Frankfurt/M. 2003.

提及的，第二方面是我明白了，在社会发展进程中，诸参与主体之间的承认形式可能发生巨大的变迁；尽管我本人已在《为承认而斗争》中强调，在现代之前，社会成员之间的适当承认还是依据社会尊重而按照等级制进行划分的，因此一个人基于其更高的地位会被授予比其他人更多的法律权限，但是我当时并未由此引出必然的结论。现在，这对我来说就意味着，不仅是一个社会的成员之间能够就多少方面相互承认这个问题在历史上是开放的，而且各自的承认方式——感情的、合理性的或者二者的混合——在历史上也是极度变化不定的。第三方面的修订是从第二方面推导出的一个结论，并且是我本该从一开始就必须明白的：社会承认若要能成功就往往必须是交互性或相互性的，这并不是自动地说它也要求主体之间的一种平等；毋宁说，交互承认的历史形式中诸主体就是作为不平等的主体而相互承认的——例如黑格尔在他的《精神现象学》中表明的主奴关系，他们的关系也是相互承认的一种形式，但似乎恰恰是一种不平等的承认。[1]

在我将我的论文加工成与弗雷泽的讨论集这段时间，我在苏尔坎普出版社出版了另外一本名为《不可见性》（Unsichtbarkeit）的文集，其中的论文探讨的主题是近现代哲学中承认动机的历史；[2]这些论文虽然产生自不同的诱因，但

---

[1] G. W. F. Hegel, *Phänomenologie des Geistes*, Werke Bd. 3（Suhrkamp-Werkausgabe）, Frankfurt/M. 1970, Kap. B. IV, A, S. 145—155.

[2] Axel Honneth, *Unsichtbarkeit. Stationen einer Theorie der Intersubjektivität*, Frankfurt/M. 2003.

却都围绕着一个问题，即在新近的过去，主体间关系是如何得到哲学地理解的。但是接下来更大的挑战又一次降临到我身上，我于 2003 年收到伯克利大学的邀请，将于 2005 年 3 月去那里进行享有盛誉的坦纳讲座（Tanner-Lectures）。就此我的智识发展又翻开了新的篇章。

六

去伯克利举行坦纳讲座的邀请吸引我的不仅是这个活动的世界性声誉，而且更为强烈的是如下挑战，即要能将我认为重要的主题在具备出众才华的听众面前分三次讲完。因此我不多犹豫就接受了邀请，但暂时还是难以确定要探讨的主题。我将来还要继续从事承认理论领域的许多问题的研究，不过我不想利用这些讲座来单纯地进一步追求我的核心兴趣；因此我要寻求一个理论对象，它尽管显示出对承认概念有所涉及，但是却又足够远离这个概念，以能够为这个概念打开新的视野。当我清晰地意识到，我长久以来就想对由卢卡奇造就并在后来频繁地被使用的"物化"概念进行一番深入分析，以为了当下而在某种程度上拯救这个概念时，我被这个突然产生的想法解救了；这样，将这个概念作为我报告的主题，并尽可能地将其置于与我的承认理论的关系之中，再没有什么比这更切题的了。

关于卢卡奇对"物化"的规定和推导，首要地有两个问题长久以来一直吸引着我。[1] 首先，我不太清楚的是，卢卡奇在其著名的论文中列出的所有物化现象是否都可以妥当归入这个概念的名下；例如，如果一个雇佣劳动者的劳动力在资本主义市场上被当作商品来对待，那么他并不简单地是在严格的意义上被"物化"，因为剥削要取决于具体的人的工作能力——因此劳动者并不是单纯地作为物而被利用，而是被当作一个具备特别潜力的人而被"客体化"，或者像一件工具那样被对待。其次，我并未明白的是，为什么一个人或者其本身的灵魂生活的所有变成物或者被像物一样对待的现象都要被溯因到资本主义商品交换；对这种客体化的、剥夺人类尊严的行为方式的出现来说，还存在着单纯经济强制（即以市场参与者的态度看待周围世界和自己）之外的许多其他原因——很遗憾我当时还不知道大卫·莱文斯通·史密斯（David Livingstone Smith）的著作，在这些著作中他研究了这些形式的剥夺人类尊严的行为的非常不同的起因。[2] 因此我着手的工作就是从卢卡奇的论文出发，提出在他的"物化"规定和推导之外的一个概念上的备选方案；我努力的结果就是我的坦纳讲座，其内容于 2005 年在苏尔坎普出版社以《物化：一项承认理论的研究》为题出版。[3]

---

[1] Georg Lukács, "Die Verdinglichung und das Bewußtsein des Proletariats", in: *Georg Lukács Werke*, Bd. 2, Neuwied/ Berlin 1968, S. 257—397.

[2] David Livingstone Smith, *Less than Human. Why We Demean, Enslave, and Exterminate Others*, New York 2011.

[3] Axel Honneth, *Verdinglichung. Eine anerkennungstheoretische Studie*, Frankfurt/ M. 2005.

我在这本小册子中尝试表明，我们所理解的"物化"，应该被设想为一种态度，在其中原初的、早在童年时代就已学会的将他人视为有感知能力的"同类"（Mitwesen）的承认被遗忘了——"承认之遗忘"这个概念我是受海德格尔的"存在之遗忘"概念的启发，以期能够用它来标明一种关于人类感知能力的"知识"的丧失所带来的深刻影响，这种知识在之前还是完全不言而喻地被掌控着的。但是，这种刻画并没有说出对这种原初的、非常根本性的承认的遗忘的社会诱因或者原因；我在这里必须呈现的问题，是追问如下状况的问题，它们迫使初步的感觉（如将他人视为有同样感知能力的存在者的感觉）失效了，或者使这种失效成为了可能。资本主义商品交换的行为强制应该能够对此负责，卢卡奇的这个解释由于上述原因并没有让我明白；但是接下来，这样一种"遗忘"可能会是如何被发动的呢？我最终设想的答案（在此不做充分阐述），是把将人类自更长久的时间以来所渴望的、把邻人仅仅作为无质的客体来利用的这种行为做法（Verhaltenspraktiken）的训练视为这种"遗忘"的原因——我所引用的例子是军事操练，士兵们通过操练"学会"将他人仅仅视为一次可能袭击的目标甚或一次杀戮的目标。我不想就此排除某种经济上的做法也可能引起这样一种遗忘；通过这些做法，涉及的主体事实上仅仅被作为没有任何人性特征、可以被任意操纵的客体来对待，从而它就能够被定性为物化的形式。与到此为止对我的承认理论的表述相反，我的建议的新内容还在于，随规范性义务而来的所有承认形式，都预先呈现了一种首要的、极为根本的承认类型，它唯一的内涵是，完全将他人作为人，从而也就是作为一种有感知能力的、反思性地关涉自身的存在物来看待。

在我的坦纳讲座的讨论中，无论是在现场还是在之后以评论的形式，我的承认理论的这种新建筑术频繁地被误解；其中不乏有人硬说我想要借此以人类学的方式预设一种人们之间在根本上的友好（wohlwollend）关系。我想借这次回顾我本人的智识发展的机会，对这个成问题的论点再次做出澄清：承认的这种第一的、根本性的形式，并不是指诸主体普遍地以友好的动机相互对待，它更多地应该是说，在我们能够赋予他人以要求更高的也就是按照义务来要求自身的属性之前，我们一般地必须首先将他承认为一个"人"，也就是承认其为一种反思性的、对我们做出敏感反应的存在物。后来在我为这本书第二版补充上去的后记中，我尝试对承认的这种根本形式的先行意义再次进行了澄清："物化"作为对首要的、近乎自动地学习到的承认的遗忘，应该意味着在特定的、路径化的实践进程中忽略了，他人是一种反思性地关涉其互动伙伴的存在物意义上的人——无论是以友好还是拒绝的姿态。

七

在我的坦纳讲座这一章（包括对于我内心来说）结束不久，我就开始致力于一个其轮廓在我眼里还没有实际明了的任务。最晚是从我撰写关于黑格尔《法哲学》的意义和目的的那本小册子开始，在我心里就萌生了如下想法：以这本巨著为衬托，尝试为当下提出一种以伦理概念为取向的正义理论。但是我并没有直接撰写著作，而是首先长时间地探讨这个雄心勃勃的冒险计划所要求的方法前提；我在那些想将社会正义原则更多地从既有的"日常道德"中获取或导出的政治哲学方式中，而非像通常那样在一种取向于普遍原则的、回溯到康德的思维传统中去寻求建议——所以我当时的阅读定额（Lektürepensum）中就包含着对迈克尔·沃尔泽（Michael Walzer）和大卫·米勒（David Miller）的相关研究。[1] 此外，我对这个新的、规模宏大的主题所做的漫长的准备工作（Einarbeitung），伴随着诸多研究的计划，即将我过去几年出于不同的诱因而撰写的论文结集成册；在短短三年时间中，我就以这种方式出版了两本新的文集，它们也都是由苏尔坎普出版社出版的，并且是致力于两个非常不同的主题领域：在论文集《理性的病理：批判理论的历史与当前》（*Pathologien der Vernunft. Geschichte und Gegenwart der Kritischen Theorie*）中我收集了之前撰写的、论述批判的社会理论传统的不同作者和方法的论文，[2] 在《我们中的自我：承认理论研究》（*Das Ich im Wir. Studien zur Anerkennungstheorie*）这本文集中，我收集了论述人

---

[1] Michael Walzer, *Sphären der Gerechtigkeit. Ein Plädoyer für Pluralität und Gleichheit*, übersetzt von Hanne Herkommer, Frankfurt/New York 1992; David Miller, *Grundsätze sozialer Gerechtigkeit*, Frankfurt/New York 2008.

[2] Axel Honneth, *Pathologien der Vernunft. Geschichte und Gegenwart der Kritischen Theorie*, Frankfurt/M. 2007.

类主体间性理论的先行者和代表人物的研究。[1]

　　这两本书收录的论文中没有一篇直接对那个更大的、当时浮现于我眼前的规划有所贡献，但是其中有几篇展现了走向这个新计划的重要的中间步骤（Vermittlungsschritte）。我在一篇文章中探究了波尔丹斯基（Luc Boltanski）和泰弗诺（Laurent Thévenot）在他们的著作《论辩护》（*Über die Rechtfertigung*）中勾勒出的道德社会学的基本理论预设，以查明日常行动者借以检查其社会秩序的特定领域的合法性的那些道德原则；[2]尽管我对这种方法提出了诸多异议，但是它帮助我获得了关于黑格尔哲学前提的重要性和正确性的社会学澄清，即任何主要的社会领域都按照各自的基本原理而获得伦理上的辩护。[3]在我看来类似的还有大卫·米勒（David Miller）关于《社会正义的基本原理》（*Grundsätze sozialer Gerechtigkeit*）的研究，我对它的探讨最初是我为文集《我们中的自我》写的"前言"；在这种方法中我看到了许多与黑格尔《法哲学》在社会学上的相似性，米勒的出发点恰恰也是对有效的正义原则的规定必须能够遵循社会成员的伦理确信，从而必须预设一个多元的形态。[4]在研讨这些理论

[1] Axel Honneth, *Das Ich im Wir. Studien zur Anerkennungstheorie*, Berlin 2010.

[2] Luc Boltanski, Laurent Thévenot, *Über die Rechtfertigung. Eine Soziologie der kritischen Urteilskraft*, Hamburg 2007.

[3] Axel Honneth, "Verflüssigungen des Sozialen. Zur Gesellschaftstheorie von Luc Boltanski und Laurent Thévenot", in: ders. *Das Ich im Wir*, a. a. O., S. 131—157.

[4] Axel Honneth, "Sozialforschung als Kritik. Zur Gerechtigkeitstheorie von David Miller", ebd., S. 158—178.

的道路上，我逐渐提出如下初步观点——就像我尝试将黑格尔法哲学重新现实化时在方法上所必须认识到的那样：为了让他的思辨操作变得勉强合理，我就不能单纯地"拾起"关于单个社会领域的"伦理"原则的简单现存观点或者仅仅是经验地查明之，毋宁说这些观点必须随着现代社会的发展以规范的方式被"重建"，以使得它们作为在社会冲突中赢得的、逐渐推进的对不同现代体制的"内在规范性"的解说而能够被理解。在波茨坦大学为我的作品召开的学术研讨会上，我给出了关于以上提出的、我打算作为我研究之基础的"规范性重建"方法论的第一份概要，这篇论文后来发表在一本小册子中。[1]这份方法上的纲要标志着一个开始，这样我从 2008 年起便能够高强度地对我的计划进行文字上的撰写，以赋予黑格尔《法哲学》一个与我们这个时代相适应的形态。

很早我就决定，将这本即将产生的著作取名为《自由的权利》(Das Recht der Freiheit)，以借此充分考虑黑格尔的实践—政治哲学的根本意图：黑格尔确信，现代社会的制度领域中的社会正义，应该就此得到衡量，即其在何种程度上成功地全面满足了诸主体关于其个人自由现实化的要求。不过，这个原则要能够被应用，首先就必须阐明"个人自由"的含义——就

---

[1] Axel Honneth, "Gerechtigkeitstheorie als Gesellschaftsanalyse. Überlegungen im Anschluss an Hegel", in: Christoph Menke, Julia Rebentisch (Hg.), *Axel Honneth. Gerechtigkeit und Gesellschaft*, Berlin 2008, S. 11—29.

像黑格尔在其《法哲学》的长篇"导言"中所进行的那样。[1]
我也打算在我著作的开头部分提出类似的东西，只是我想要
在这里取消掉黑格尔那种形而上学的、从精神概念出发来进
行的论证过程。因此我的任务就是，将我对不同社会领域的
规范性原则的规范性重建作为本书的一部分先说出来，在此
黑格尔的精神中的"个人自由"概念被分成诸多组成部分，这
些部分由于精神的含义的复多性而内在于精神之中。为了完
成这个任务，我采取的策略是，沿着近代政治思维的历史总结
出"自由"的三种含义，这三种含义必须被区分开并且构成
了同一个概念的富有意义的诸方面：霍布斯隆重命名的"消极
的"自由观念，卢梭和康德确立的"道德的"或"反思的"的
自由观念，最后是"社会的"或"交往的"自由，这是由黑格
尔在《法哲学》的"导言"中作为最为广泛的自由范畴提出来
的。[2]就像在黑格尔那里一样，我想将这三个概念放到词典
式的（lexikalisch）秩序中来理解，因此它们中任何一个后出
现的概念都以前一个概念为前提，离开前一个概念，后一个概
念就得不到思维（或者现实化）。这样，就像在黑格尔那里一
样，我得出了研究的框架结构：我一开始必须阐明近代社会中
个人自由的社会地位和辩护基础，我借助于霍布斯将其理解
为"消极的"自由，它应该被把握为主体权利的典型体现；我

[1] G. W. F. Hegel, *Grundlinien der Philosophie des Rechts* (Theorie-Werkausgabe),
　　Frankfurt/M. 1970, Bd. 7, Einleitung, S. 29—91.
[2] Axel Honneth, *Das Recht der Freiheit. Grundriß einer demokratischen Sittlichkeit*,
　　Berlin 2011, Teil A, Kap. I—III.

必须由此过渡到"反思的"自由，以演示消极自由的生存授权（Daseinsberechtigung），并最终重建不同的领域，在这些领域中社会成员应该有能力以社会互动的形式，"社会地"实施其个人自由，并就此感到自身是更为广泛的"我们"中的一员。

在我的计划中显得如此简单的东西，接下来在细节上却比我预期的要难以实现得多。我不仅低估了为了让关于这个需单独阐述的领域的知识水平达到尚可程度所必须处理的文献总量；我之前也没有注意到，与黑格尔不同，还必须阐述单个自由领域中的社会冲突，这些冲突自那个时代以来导致了不同规范性原则的集体谱写（Ausbuchstabierung）的巨大进步。另外，我也想跟随黑格尔，不仅突出单个自由领域的"生存权利"（Daseinsrecht），而且还要提出社会的病症，每当向来得到保障的自由的规范性要点被误解，这种病症就会产生。简而言之，我在笔记中所注意到的和渴求进一步阅读的许多东西，都聚集到了这里。我的家庭之前从未忍受过我日复一日地为了驾驭劳动消耗而强加于自己的纪律所带来的痛苦；但是幸得我在法兰克福大学能够有资格休连续两个学期的学术假（Freisemester）——这是我因为参与"规范性秩序"（Normative Orders）研究集群而赢得的。接下来就是 2011 年 4 月，我完成了我的书稿，我对这个成果基本满意，从而就能将整部长达 600 多页的稿件递交给苏尔坎普出版社的编辑女士。

在这里我不想再次总结我这部论著的建筑术和论证线索。指出我曾尝试为 20 世纪西方社会提出民主伦理的制度条件这一点就足够了：我若是想跟随黑格尔的操作办法，就必须在我的著作中致力于研究现代社会的制度结构，看看对其成员或者是对国家机关的哪些规范性义务被准入，若不遵守它们，对社会再生产来说必不可少的不同任务就得不到完成，就像基于当时流行的、被粗略划分的社会道德所期待的那样；那么就类似黑格尔所做的，依据以这种方式揭示的、声称具有社会有效性的社会规范，就应该得到"规范性的"或"合理性的"重建，因此它应该总是被描绘为"公正的"，因为它在以道德方式要求的形式下，对社会内部必不可少的任务的完成做出了贡献。社会正义条件的整体应该被把握为社会成员能够没有限制和畏惧地参与一个民主社会的社会生活的前提。我于 2011 年出版的这本书很快就获得大量反响，包括热情的赞誉到谨慎的赞同，再到激烈的批判；持肯定态度的人，首先是赞赏通过一种伦理的制度主义对规范性的程序主义的克服，而否定的反响涉及的则首先是说，我与黑格尔一道过分拘泥于制度上的既有物，以及"规范性重建"的方法未得到充分论证。在随后为本书举行的许多学术讨论会上，我试图与这些异议进行争辩；就此我专注于社会习俗主义这种异议，通过清晰地区分"制度的"革命和"规范的"革命来进行反驳：尽管我的研究一再暗示，当下的制度架构能够给出更好的、对自由价值有更加内涵丰富的说明的选项，但不是说我们就要长期坚持这个规范性原理本身，这里我想说的是不以借法国大革命强有力地表达出的个人自由价值为约束——从而我的论证和方法认可的，当然是"制度的"（institutionell）革命，而非为了将来的"规范的"

革命。关于这个异议以及与之接近的争论点而发生的一些争辩，现在应该可以以书面的形式查阅到；这些读物提供了一个关于我的著作在学术界所引起的诸多讨论的很好的概观。[1]

但是在完成了我迄今为止规模最为宏大的著作之后，我还想做进一步的澄清，从而开辟一条新的道路。在这个意义上说，我的智识发展由此开启的这个阶段首先只是理论的深化和哲学上的后续工作。

八

在我的著作出版那一年，我就收到了纽约的哥伦比亚大学的职位聘请，去就任哲学系的一个名为梅隆教席（Mellon-Professur）的长期教职；但是由于我要继续歌德大学的教授职位以及社会研究所所长之职——这两个职位对我都很重要——我就告知哥伦比亚大学，我想暂时先以每年中的半年时间担任计划中的这个教授职位。接受这"第二个"教授职位肯定首先意味着巨大的转换（Umstellung）和多出来的一份工作，但是它却有悖常理地为我本身的研究挪出了更大空间，因为我在

---

[1] The Right of Freedom. Special Issue, in：*Krisis. Journal for contemporary philosophy*（Online journal；www.krisis.eu），2013；*Critical Horizons. Special Issue：Axel Honneth's Freedom's Right*，Vol. 16（2015），No.2；Mark Hunyadi（Hg.），*Axel Honneth. De la reconnaissance à la liberté*，Lormont 2014；Magnus Schlette（Hg.），*Ist Selbstverwirklichung institutionalsierbar? Axel Honneth's Freiheitstheorie in der Diskussion*，Frankfurt/M.：Campus Verlag 2018.

纽约的几个月不必陪伴家庭，从而一度可以像一个学生那样无忧无虑地工作。尤其是在对我著作的批判压力之下，我已于 2012 年利用新的可能性堵住了《自由的权利》的论证过程的一些漏洞，同时也补上了一些缺失的区分。有一篇文章属于第一个领域，德国教育科学家大会邀请我做主题报告给了我撰写这篇文章的机会。因为过度屈从于黑格尔《法哲学》的布局，我在我的著作中犯下了如下错误，即与德国唯心主义者一道，忽视了公共教育机构——在今天涵盖从学前教育经中小学再到大学——对民主伦理的发展和维持的重大意义；在上述报告中，我尝试通过与杜威和涂尔干一道突出公共学校（恰恰不是"私人"学校）关键的民主角色来消除这一明显的缺陷。这份讲演稿很快就作为论文发表，[1] 在某种程度上说，它必须被作为另外的一章在思想上补充进《自由的权利》之中，以让后者能够包含民主伦理的制度条件的一幅完整图景；对此公共学校占据非常核心的位置，它们还被委以法治的使命，即通过课程的形式和材料来练习民主的态度和实操。

但不仅是有一些明显的疏漏在事后被认为在《自由的权利》中就应该消除的，而且我这本著作中还有一些核心的转换构件（Weichenstellung）未得充分说明，所以我现在感觉到有事后去改善它们的压力。除了"规范性重建"在方法上的程序之外，首要的是"个人自由"的三个概念之间的区分。又是

---

[1] Axel Honneth, "Erziehung und demokratische Öffentlichkeit. Ein vernachlässigtes Kapitel der politischen Philosophie", in: *Zeitschrift für Erziehungswissenschaft*, Bd. 15, H. 3, 2012, S. 429—442.

一个做报告的邀请，给了我机会对它做进一步阐明。2013 年，玛莎·努斯鲍姆（Martha Nussbaum）向我建议，在接下来的一年到芝加哥大学去主持杜威讲座；由于我长期以来对杜威的哲学著作评价甚高，而且认为其迎合了我本身的关切，[1] 所以我毫不犹豫就接受了这个邀请。在我的报告中（随后也作为论文发表[2]），我尝试通过对日常例证的直观说明并独立于所有传统对其含义进行解释，来赋予对《自由的权利》至关重要的"社会自由"概念一个更加清晰的轮廓。关于最后是否成功，我不能做出适当评价，但是我认为确定的是，离开关于自由的"第三个"概念的一种直觉性的说服力和可理解性，《自由的权利》的根基就非常脆弱。

不过《自由的权利》的回声中对我来说有燃眉之急的是，频繁地有人提出异议，说我在我这本著作中像黑格尔一样过度拘泥于现存的社会关系，没有能力在思想上超越之。因此早在 2012 年我就萌生了一个想法，撰写一本关于社会主义的简短研究著作，以一劳永逸地解释清楚，我认为在《自由的权

[1] 除《自由的权利》中的许多论述之外，还可参见：Axel Honneth, "Demokratie als reflexive Kooperation. John Dewey und die Demokratietheorie der Gegenwart", in：ders., *Das Andere der Gerechtigkeit*, a. a. O., S. 282—309; Axel Honneth, "Zwischen Prozeduralismus und Teleologie. Ein ungelöster Konflikt in der Moraltheorie von John Dewey", in：*Deutsche Zeitschrift für Philosophie*, Jg. 47（1999）, Heft 1, S. 59—74。

[2] Axel Honneth, "Drei, nicht zwei Begriffe der Freiheit", zuerst erschienen in：*Die Unergründlichkeit der menschlichen Natur. Internationales Jahrbuch für Philosophische Anthropologie*, hg. von Olivia Mitscherlich-Schönherr u. Matthias Schloßberger, Berlin 2015, Volume 5, S. 113—130.

利》中阐述出的民主伦理的条件的进一步发展，在一种"社会主义的"社会体系的方向上不仅仅是可以想象的，而且甚至也是规范性地被要求的。又是做一个系列报告的邀请让我有机会，将这个一开始还是模糊的计划实际地付诸实施，并随着时间的推移产生了一本关于《社会主义理念》的小书。[1]在这项研究中，我通过三项思想操作来确立其与之前那本著作之间的连续性，同时想打开一个向前的视野：首先，在我看来很重要的是突出社会主义传统，它在道德上不是简单地要求论证社会平等，而是首先要求论证社会自由——在规范上要求所有社会成员的平等地位，这不是为了他们自己，而是为了社会的或者团结的自由之实现。其次，我心里记着要去阐明，在这个社会主义传统中，我在《自由的权利》中与黑格尔一道描述的不同社会领域的功能性区分从一开始就被低估了，也就是如下事实被低估了，即在现代社会，社会再生产的任务在分工上相互联系的诸领域中完成，而这些领域是分别通过不同的规范来调节和组织的；因为人们持着受马克思主义影响的社会主义观念，并错误地从社会整体被（社会主义地改造过的）经济所统治和构造这一观点出发，所以就需要对社会主义理论进行重新定向，以适当考虑这种功能性区分的情况。再次，我也着眼于尽可能清楚地突出，为何最终还需要对社会主义的历史观进行重新定向（Umorientierung）：如果说人们到目前为止仍然确信，对如何构造"社会主义"社会的制度系统已经拥有了足够

---

[1] Axel Honneth, *Die Idee des Sozialismus. Versuch einer Aktualisierung*, Berlin 2015.

的知识，那么我的看法则与此相反，我们今天可能还远远不能肯定，哪种经济形式最能够满足社会自由的扩展和实现这个目标；从而在我看来，为当前的社会主义推荐一种实验性的观点是有道理的，在其中未来的历史必须被视为一种制度的诸可能性的开放领域，这样通过社会实验才会试验出走向实现社会主义经济的最适合的道路。

关于我对社会主义重新定向的努力的简短概观已经让我们知道，这项研究被视为一种"元政治学"的自我理解；我绝不是想就此为当前政治领域的派别提供方向性建议，毋宁说我是将这些规范性的和社会理论的基点勾勒出来，它们是当今有责任实现社会自由的社会主义运动必须加以坚持的。《社会主义理念》出版之后迅速引发许多讨论，在这些讨论中我的论证方向（Ausrichtung）经常被误解；人们总是一再地在其中寻求我们今天关于社会主义已经能够形成共识的、关于社会参与者或者经济措施的具体指引。每次我都不得不令这些查问失望，因为我每次都指出我的研究的元政治学身份（Status）；再重复一下，毋宁说我的意图在于，只有有朝一日，我们获得了社会主义的新定向框架之后，在其中这个运动过去的政治失败所贡献的所有理论前提都被排除了之后，只有当这样的重新校准（Neujustierung）的任务得到完成之时，那么人们才能够提出我们为社会主义运动的政治重组能够做些什么这个问题——我至今仍确信这一点。

随着我的《社会主义理念》这本小书的出版，我针对学界批判《自由的权利》的回应就告一段落了；尽管我看到了进一步澄清的需要，因为诸如"规范性重建"在方法上必须如何得到更加准确的理解，或是对"社会病症"概念如何有意义地使用这样的问题，至今都仍然是开放的；[1]但是对于大多数的查问我相信通过我的补充性文章和社会主义研究现在都已经回答了，以至于我首次感觉到，我能够转向我的新任务了。就像在我的智识发展中如此频繁发生的那样，我的社会哲学理念的每次进一步深化的启迪，都是由一次我幸运地收到报告邀请来实现的。

九

如果我的回忆没错的话，在 2016 年的前几个月，我收到剑桥大学历史系的邀请，次年去那里进行西利讲座（Seeley-Lecture），这个讲座虽然在德国知名度不高，但在盎格鲁—撒克逊世界却声誉日隆。他们很友好地告知我，这三次讲演应该致力于"思想史"领域，从而必须探讨精神史一类的材料，但是在确切的主题选择上给予我所有的自由。因为我长期以来感到需要更多地从事哲学史的工作，便立刻接受了这个邀请，但是在决定将要探讨哪个主题上，一开始还有些困难。最终我豁然开朗了，因为我明白了，当时关于社会承认消极方面的大量讨论，也就是关于任何承认都能够固定地连接着特定的属性这

---

[1] 例如参见：Fabian Freyenhagen, "Honneth on Social Pathologies: A Critique", in: *Critical Horizons*. 16（2），2015, S. 131—152。

种情况的讨论，都必须具有一种历史性维度。也就是说，我开始追问，人类的承认需要在欧洲精神史上有时候是否被消极地解释了，以至于今天对"承认"的怀疑是有其历史先行者的。几年之前我就曾经探索过这个问题，例如我曾经研究过卢梭的著作，看看它就人类对社会性尊重的依赖进行了哪些深刻的抨击；[1]何不进一步探询并将整个过程以精神史的方式重建出来，在这个过程中，欧洲现代精神就人类的承认需要这个主题在不同思想家中间进行了极富争议的讨论；我希望，我也能够以这种方式发掘出今天人们或者从消极影响，或者从积极影响来评价社会承认的原因。对这个主题我几乎还没有准备好，我意识到通过这个主题我会将历史性问题和系统性问题结合起来，心里也立刻热血沸腾起来；我给剑桥大学的同事回复说，我的三场讲演将致力于探讨承认理念的欧洲精神史。

在我的智识发展中，之前很少有什么任务像写下这三场讲演的文稿这么简单流畅。第一次带着系统的知识兴趣，我阅读了拉罗什富科（La Rochefoucauld）、卢梭、大卫·休谟、亚当·斯密和其他作者的相关著作，因为在他们所有人那里，我都看到了就我们对社会承认的依赖性的意义进行探讨的有趣踪迹。我对他们各自著作钻研得越是深入，让人认识到具体语言文化之间最为显著的差别的发展线索就越是清晰地呈现在我眼前：在法兰西文化圈中，也就是在道德主义者和卢梭那里，存

---

[1] Axel Honneth, "Untiefen der Anerkennung. Das sozialphilosophische Erbe Jean-Jacques Rousseaus", in: *West End. Neue Zeitschrift für Sozialforschung*, 9. Jg.（2012），Heft 1/2, S. 47—64.

在着一种对社会尊重之需要的极大怀疑，因为他们推测其中存在着个人独立性和本真性丧失的动机根源；在盎格鲁—撒克逊文化圈则相反，在沙夫茨伯里（Shaftesbury）、休谟和斯密这些人那里，对这种依赖他人的积极评价占据统治地位，因为他们在其中看到了一种认知的和道德的自身控制的产生手段；最后在德意志文化圈中，在康德、费希特和黑格尔那里，一种对邻人的社会依靠的同样极为积极的评价也在"尊重"和"承认"等概念的名下迅速得到普遍认同，因为它被把握为所有市民之间平等关系的源泉。当我明白了对社会承认的解释的这些民族特征，并且认为在添加上历史材料的情况下能够将其阐释为政治差异的后果之后，我就迅速地将我调查研究的结果写成文章；然后我基于这些稿件于 2017 年 5 月在剑桥大学做了三次讲演，并且也得到很多赞同，这样就可以计划将我的西利讲座出版成书了。

在访问剑桥大学的几个月后，我向手稿中补充了另外的一章，在其中我尝试从我的观念史思考中引出系统性的结论；扩展了这一章之后，这份小型研究就以《承认：一部欧洲观念史》（*Anerkennung. Eine europäische Ideengeschichte*）为名，于 2018 年又是在苏尔坎普出版社出版了。[1]但有趣的是，这本小书在国外，尤其是在法国和英国，引起的关注要大于在德国——尽管我在这本书中恰恰是将对"承认"的德语解释阐明为特别进步和指引性的。直到今天，我都没有成功地弄明白，

---

[1] Axel Honneth, *Anerkennung. Eine europäische Ideengeschichte*, Berlin 2018.

到底对我的研究的接受的这种巨大差异是由什么原因引起的；
但有时我会怀疑，这个原因可能与历史意识的缺乏有关，这种
缺乏的情况多年来一直令人遗憾地在德国大学的人文社会科学
中占据着统治地位。

十

　　随着这个悲观的推测，我在这里呈现的、对我本人的智
识发展做一个概观的努力就接近尾声了。在我关于欧洲思想
中承认主题的著作结束之后的时间里，我在新泽西的普林斯
顿大学高等研究院做了为期一年的学术访问；在那里我能够
借助优越的工作条件来积蓄新的力量，以准备未来的研究规
划。我再次幸运地收到了一个报告邀请（现在这对我来说是一
个习惯了），这次是柏林，他们邀请我于 2021 年到那里去做本
雅明讲座（Benjamin-Vorlesungen）。与之前的邀请不同，这
次我没感觉到困难，我迅速决定了这三次讲演的主题；因为
长久以来我就有这个想法，即最终以更为详细和更为专题性
的形式来探讨我迄今为止只是以众多相互独立的文章进行探
究的问题：[1]我想以历史—系统的方式来研究，我们的社会

---

[1] Axel Honneth, "Arbeit und instrumentales Handeln", in: Axel Honneth,
　　Urs Jaeggi（Hg.）, *Arbeit, Handlung, Normativität*, Frankfurt/M 1980, S.
　　185—233；ders., "Arbeit und Anerkennung. Versuch einer Neubestimmung",
　　in: *Deutsche Zeitschrift für Philosophie*, 56（2008）3, S. 327—341.

劳动关系在将来如何能够得到变革，以允许职工能够在没有时间、心理和物质限制的情况下参与民主决策？尽管我已经在一篇关于民主与分工的新文章（它发表在我2020年出版的文集中[1]）中尝试勾勒了这个新的工作领域，但是现在我想处理的是，在本质上更加详尽地探讨对民主决策的补充需求（Ergänzungsbedürftigkeit）和对公平的、良善的劳动条件的追问。

我目前已经以《劳动的主权》（*Der arbeitende Souverän*）为题在柏林做了三场讲演；我在那里收到了对我的思考反馈回来的诸多启发意见和批评性质疑，我将在接下来的几个月中对我的手稿进行加工，以将其完善为一本专著。借着这本计划中的书，我以某种方式返回到了我智识发展的最初开端；因为我想主题化的，恰恰是劳动群众受到的社会歧视，早在我的学生时代，这些歧视就已经让我注意到社会承认的价值了。

阿克塞尔·霍耐特

2021年7月

（谢永康　译）

---

[1] Axel Honneth, "Demokratie und soziale Arbeitsteilung. Noch ein vernachlässigtes Kapitel der polirischen Philosophie", in：ders., *Die Armut unserer Freiheit. Aufsätze 2012—2019*, Berlin 2020, S. 208—233.

译者说明

霍耐特和朗西埃的这场辩论最初由哥伦比亚出版社以英文出版（*Recognition or Disagreement. A Critical Encounter on the Politics of Freedom, Equality, and Identity*, Katia Genel and Jean-Philippe Deranty eds., New York: Columbia University Press, 2016），而后才由苏尔坎普出版社以德文出版（*Anerkennung oder Unvernehmen? Eine Debatte*, hg. v. Katia Genel und Jean-Philippe Deranty, Frankfurt am Main: Suhrkamp, 2021）。在德文版中，除了朗西埃部分基本未改动外，其余部分均有不同程度的改动。在文章编排上，德文版没有收录英文版中霍耐特的文章 "Of the Poverty of Our Liberty: The Greatness and Limits of Hegel's Doctrine of Ethical Life"，但增加了霍耐特的另一篇文章 "Zwei Deutungen sozialer Missachtung. Epistemische und moralische Anerkennung im Vergleich"。霍耐特本人在将其文章"评朗西埃的哲学方法"以及他的讨论发言从英语改写为德语的过程中作了不少改动和增补。英文版中让-菲利普·德兰蒂和卡蒂亚·热内尔各自撰写的文章，在德文版被编排整合为导论，并进行了改动。

目前这个中译本结合了两个版本，其中德兰蒂和热内尔撰写的导论、霍耐特撰写的部分（第二章、第五章）以及"说明"根据德文版译出，由刘利霞翻译。朗西埃撰写的部分（第一章、第四章）以及两人的讨论（第三章）则根据英文版译出，由蓝江翻译并进行统稿。鉴于译者能力有限，译文中定有不少疏漏，还望读者不吝批评指正。

导论：承认与歧义之间的批判理论

让-菲利普·德兰蒂（Jean-Philippe Deranty）、
卡蒂亚·热内尔（Katia Genel）

一、理论争论的开端：一次短暂的相遇

法兰克福学派继承人，尤尔根·哈贝马斯（Jürgen Habermas）的学生，著名的德国承认理论家阿克塞尔·霍耐特（Axel Honneth）和打破阿尔都塞传统的著名法国歧义（Unvernehmens）思想家雅克·朗西埃（Jacques Rancière）是当代知识界的两位核心人物。他们的思想处于两种不同的传统中，但这两种传统都在最宽泛的意义上与马克思主义相联系，他们都以批判的目光看待马克思主义。两位思想家都对哲学之内和之外的特定领域抱有兴趣。两人的共同点在于都关注政治领域，但霍耐特是在社会哲学、道德哲学和法哲学领域活动，并在很大程度上反思性地利用了社会科学，而朗西埃则致力于历史学、美学和文学。今天，他们的思想在社会科学、政治理论和批判哲学领域具有如此大的影响力，以至于对他们这两种模式的争论似乎是不可避免的。问题在于，他们提出的用

于批判社会、探讨社会的进一步发展以及探讨那些使得社会更公正或更自由的变革的范式——承认范式和歧义范式——是相互竞争和相互排斥的，还是相互兼容的。

尽管在当下发起这一争论似乎是一项势在必行的任务，但到目前为止这一任务还未真正展开。[1]无论如何，2009年6月，两位思想家在美因河畔的法兰克福社会研究所的历史建筑中有了一次碰面。在这里，朗西埃和霍耐特就他们各自的著作《为承认而斗争》(Kampf um Anerkennung)和《歧义》(Das Unvernehmen)[2]中的论点进行了讨论，这次讨论由德国哲学家克里斯托夫·门克(Christoph Menke)主持。两人首先基于各自主要著作的中心论点"重构"了对方的理论立场。这导致了关于支撑他们各自所代表的"批判理论"模式的基本原则的争论（这一点在某种意义上有待解释，这也是本书所承担的任务之一），也使得他们在社会和政治方面的方法论上有所澄清，最后还引发了关于克服不公正以及社会政治转型的可能性的探讨。本书正是两位思想家之间短暂而激烈的交

[1] 除了德兰蒂的作品以外，参见：»Mésentente et Reconnaissance. Honneth face à Rancière«, in：Emmanuel Renault, Yves Sintomer (Hg.), Où enest la Théoriecritique?, Paris 2003, S. 185—199. Sieheauch Jean-Phi- lippe Deranty, »Jacques Rancière's Contribution to the Ethics of Recognition«, in：Political Theory 31, 1 (2003), S. 136—156. Und über Honneth：Jean-Philippe Deranty, Emmanuel Renault, »Politicising Honneth's Ethics of Recognition«, in：Thesis Eleven 88 (2007), S. 92—111。

[2] Axel Honneth, Kampf um Anerkennung. Zur moralischen Grammatik sozialer Konflikte, Frankfurt/M. 1992; Jacques Rancière, Das Unvernehmen. Politik und Philosophie. Aus dem Französischen von Richard Steurer, Frankfurt/M. 2002 [1995].

锋的产物。其中包括霍耐特和朗西埃所作的报告的文本，他们之间的理论交流，以及各自的一篇文章，这些文本可加深人们对他们的思想、方法和总体方向的了解，以便进一步讨论。这些文本虽然使一些异议得以解决，但也揭示了两位作者之间存在的分歧和各自立场的特色。导论的目的在于对霍耐特和朗西埃之间的这种对话进行展望——既是对他们实际发生的对话的展望，也是对从外部重构并在外部继续进行的对话的展望。

二、广义上的两种批判理论

霍耐特和朗西埃提出了旨在理解和改变当代社会的理论工具。这样，他们都加入了广义理解的"批判理论"。不过，这看似是一个共同的连接点，但也是他们用各自的方法所处理的问题。在讨论每种方法的特色之前，我们应该明确阐明这种"批判"传统的含义。

批判意味着寻找理论和实践之间的联系，并尝试消除试图对某种社会状况负责这一幻想，以释放解放意识，就此而言，这一点首先可以参考马克思来阐明。更广泛地说，批判指的是试图在思想上把握自由实践的条件。[1] 更准确地说，霍耐特在一个关键处指出了这一点：批判理论指的是法兰克福

---

[1] Emmanuel Renault，»Critique«，in: ders., *Le vocabulaire de Marx*, Paris 2001, S. 16 ff.

学派在 20 世纪初工人革命失败、国家社会主义开始崛起时所
阐述的批判理论。这种严格意义上的批判理论是一种受马克
思主义启发的、由马克斯·霍克海默（Max Horkheimer）在
20 世纪 30 年代新构造的方法，而社会研究所的成员们就聚集
在这种方法周围。1937 年，霍克海默将批判理论与传统理论
进行了比较，把批判理论定义为一种自我反思的，意识到了
自己所展开的社会条件并努力改变它们以达到解放目的的理
论。[1] 按照这种理解，批判理论实际上是一个旨在掩盖与马
克思主义的关系的名称——戴着黑格尔式的眼镜来解读马克思
主义，反对当时政党对马克思主义的实证主义解读。这涉及
如何命名一种理论，这种理论并不认可社会经济现实，而是通
过对社会及其发展方向作出总体判断来质疑它，以实现所有
人的解放。法兰克福学派指出，即使是以辩证方式融入社会
发展理论的科学也无法保证批判，因此，法兰克福学派理论
在霍克海默和阿多诺阐述的"启蒙辩证法"的名义下，采用
了一种新的激进的理性批判形式。阿多诺后来赋予了批判理
论以一种"否定辩证法"的形态。在语言学转向过程中，哈
贝马斯认为，他的前辈们进行的理性批判仍是片面的，无法

---

[1] 社会批判理论 "是以对理性状态的兴趣为主导的……"，参见：Max
　　Horkheimer, »Traditionelle und kritische Theorie« (1937), in: ders.,
　　Traditionelle und kritische Theorie. VierAufsätze, Frankfurt/M., 1968, S. 12—
　　56, hier S. 21。它将世界视为社会实践的产物，尽管个人将其视为从外部
　　强加给他的意志的给定物。它唯一关注的是——这显示了与意识形态批判
　　的亲缘关系——寻找如何恢复个体与整体之间的这种关系。与传统理论相
　　比，批判理论试图改变 "整个社会结构"，使社会成为 "自由的个体有意识
　　的自发行动的结果"。（S. 22 und 31）。

发展出一种社会变革可建立于其上的建构性的批判。霍耐特将自己置于这两代人的复杂遗产中：他援引了第一代的遗产，并以此强调他们所提出的批判理论的多元性[1]；但他也接受了哈贝马斯的部分批评。除此之外，霍耐特还将其计划确定为对黑格尔哲学进行更新，以此对法兰克福学派的遗产进行限定。[2]

与此同时，另一种批判传统在法国发展起来，并在美国赓续，但在这个法国"学派"和德国学派之间并没有建立起任何联系，到很晚以后才有了部分联系，正如米歇尔·福柯关于他与法兰克福学派之间比较接近的说法[3]，以及通过后来的批判理论家（特别是霍耐特[4]）才开始了与法国"学派"进行

---

[1] 这在他区分"中心"（阿多诺、霍克海默或马尔库塞）和外围［诺伊曼（Neumann）、基希海默（Kirchheimer）、弗洛姆甚或本雅明］的情况下尤其如此，参见：Axel Honneth, »Kritische Theorie. Vom Zentrum zur Peripherie einer Denktradition«, in：ders., *Die zerrissene Welt des Sozialen. Sozialphilosophische Aufsätze*, erw. Neuausg., Frankfurt/M. 1999, S. 25—72。

[2] 除了 Honneth, *Kampf um Anerkennung*, 还参见：*Leiden an Unbestimmtheit. Eine Reaktualisierung der Hegelschen Rechtsphilosophie*, Stuttgart 2001, 以及近期的书：*Das Recht der Freiheit. Grundriß einer demokratischen Sittlichkeit*, Berlin 2011。

[3] Michel Foucault, »Strukturalismus und Poststrukturalismus«（Gespräch mit Gérard Raulet im Frühjahr 1983），übersetzt von Hans-Dieter Gondek, in：ders., *Schriften in vier Bänden*, Band 4, 1980—1988. Frankfurt/M. 2005, S. 521—555.

[4] Axel Honneth, »Foucault und Adorno. Zwei Formen einer Kritik der Moderne«, in：Peter Kemper（Hg.）, *Postmoderne oder Der Kampf um die Zukunft*, Frankfurt/M. 1991, S.127—144. 也参见：Axel Honneth, *Kritik der Macht. Reflexionsstufen einer kritischen Gesellschaftstheorie*, Frankfurt/M. 1985. 关于这一交流史参见：Yves Cusset, Stéphane Haber（Hg.）, *Habermas et Foucault. Parcourscroisés*, *confrontations critiques*, Paris 2006.

接触这一事实所证明的那样。应从广义上来理解这种在战后法国哲学界产生影响的"批判理论"，因为它在其最重要的参照点（即使海德格尔是一个共同的参照点）和方法上都是异质的。就福柯而言，这种法国的批判理论在很大程度上是以历史学的方式进行的，而对于其他代表人物而言，如德勒兹、德里达、巴迪欧或利奥塔，它更多是以哲学为导向的。在朗西埃看来，这种批判思维在既存的学科话语边缘开辟出了一条尚未开拓的道路。然而，在所有情形下，它都采用了质疑知识或话语与权力关系之间的联系的概念和方法。正如厄内斯特·拉克劳（Ernesto Laclau）、尚塔尔·墨菲（Chantal Mouffe）、朱迪斯·巴特勒（Judith Butler）、伽耶特利·C.斯皮瓦克（Gayatri Chravorty Spivak）或唐娜·哈拉维（Donna Haraway）等人的相关作品所展现的那样，性别研究、庶民或后殖民研究、生态学思想、女性主义以及当代新马克思主义都从这种法国战后的思想中获得了深远的启发。我们在这里面对的是一种迥异的批判思想体系，它滥觞于马克思主义的衰落，旨在复兴马克思主义，它分析了与当今社会变化密切相关的主流话语和实践，并对之加以拒绝。对于这些沿着法国哲学道路发展批判理论的大量作者来说，福柯对批判的定义是范式性的：批判必须更多地被理解为对当下的诊断和实践承诺，而不是严格意义上的理论领域。[1]

霍耐特和朗西埃的思想，以各自的方式，或多或少明确

---

[1] Michel Foucault, *Was ist Kritik?* Aus dem Französischen von Walter Seiter, Berlin 1992 [1978].

地位于这个广泛且迥异的"批判理论"领域中。霍耐特延续了法兰克福的传统，因为它从"理性的社会病理学"出发，从一种"社会的否定性"状态出发[1]，在此基础上，社会理论具体阐明了"好的或成功的生活的"社会"条件"。在他看来，"通过一种社会性的有效的理性概念来调解理论和历史"[2]构成了法兰克福学派传统的理论特性。理论和历史之间的这种调解决定了所进行的批判的性质：社会批判"必须……将对社会弊病的批判与对造成其普遍遮蔽的过程的解释联系起来"。因此，"规范性批判"要通过历史解释（理性的历史变形过程）来完善。[3]霍耐特分析了导致正义诉求中性化、公民规范性期望消退以及社会不公正状况发生的机制，这些仿佛都是毫无问题的事实。他设想的批判不应该是抽象的或形式化的，也不应该放弃"一种理性普遍性的规范性主旨、一种理性的社会病理学观念以及一种解放旨趣的概念"[4]。

这种将社会批判植根于一种"历史上有效的理性"要求

---

[1] 霍克海默最初说的是社会的"非理性的组织"，阿多诺后来说的是"被支配的世界"。马尔库塞使用了"单向度社会"或"压抑性的容忍"这样的表达方式，最后哈贝马斯使用了"生活世界殖民化"这一表达。Axel Honneth, »Eine soziale Pathologie der Vernunft. Zur intellektuellen Erbschaft der Kritischen Theorie«, in: ders., *Pathologien der Vernunft. Geschichte und Gegenwart der Kritischen Theorie*, Frankfurt/M. 2007, S. 28—56, hier S. 31 f.

[2] Honneth, »Eine soziale Pathologie der Vernunft«, S. 30 f.

[3] Ebd., S.41.

[4] Honneth, »Eine soziale Pathologie der Vernunft«, S. 56. 也参见：Axel Honneth, »Zwei Deutungen sozialer Missachtung. Epistemische und moralische Anerkennung im Vergleich«, in diesem Band, S. 138—171, 也参见本书第 134—168 页。

中的做法，是霍耐特从批判理论第一代那里继承或接受的，同时也是他所认为的第一代批判理论家的问题所在。他认为，在这一传统中批判的规范标准仍然过于含蓄，"社会合理性"概念也没有得到足够清晰的阐明。霍耐特诉诸哈贝马斯的主体间性、交往视角来澄清这一点。他的方法是哈贝马斯式的，因为它基于阐明批判的规范基础这一目的，来避免过于片面的理性概念，他认为这是批判理论第一代的缺陷，特别是在阿多诺和霍克海默的名作《启蒙辩证法》以及阿多诺的社会学著作中。根据霍耐特的说法，他的前辈们将理性还原为工具理性，并将其等同于统治，这造成了一种在理论层面和社会学诊断方面都有害的混乱，实际上相当于某种形式的功能主义。换言之，哈贝马斯所说的"生活世界"必须重新获得其应有的地位。它代表了一种规范性资源，既允许对统治进行抵抗，又使相互理解成为可能。

不过，霍耐特对批判的理解并不是严格意义上的哈贝马斯式的。首先，他一直试图将福柯思想中的一些成分纳入哈贝马斯的框架，尤其是对反对权力的斗争给予了极大的重视。[1]其次，他对哈贝马斯区分系统和生活世界的方式提出了质疑。他从维持社会公认的价值和理想的角度来看待社会再生产；他进行的"规范性重建"将这些合理的价值和理想理解为评估社会分析所提供的经验材料的内在标准。因此，制度和实践要"根据它们的规范性成就"来解释，也就是说，根据它们对稳

---

[1] 这一点在霍耐特的博士论文《权力的批判》(*Kritik der Macht*) 中已经成立了。

定和实施这些价值所作出的贡献来进行解释。[1]

同时，霍耐特仍然忠实于法兰克福学派第一代理论家的愿望（特别是霍克海默的方案），他打算在哲学和社会科学之间重新建立一种联系，以便能够对整个社会进行批判。霍耐特围绕承认概念提出的模型阐明了这种社会批判概念，它将社会哲学与个别科学的贡献联系起来：根据这一理论，只有在情感、法律和社会层面保证主体间的承认关系，才有可能形成自主主体，这一理论植根于心理学和精神分析、社会学、法律理论，甚至劳动的心理动力学等领域的研究，并同时在这些领域得到延续。

在阐述其承认理论的框架时，霍耐特还批评了法国人对承认的某种理解，他认为这种理解是消极的——因此，是一种错误和夸大的马克思主义。首先，他认为阿尔都塞的承认理论是一种意识形态，它以警察（Polizisten）[2]为例，将主体性的形成建立在对主体的询唤（Anrufung）上，因此这是一种与他自己提出的方法相对立的理想典型。在霍耐特看来，承认不能完全是意识形态的，正如它不应该完全是"屈从的"［主观的（*subjectiver*）］；只有在承认的需求被践踏时，才能显示主体的规范性期望，承认才是有意义的。因此，它为社会冲突提供了一个解释框架。如同朗西埃一样，霍耐特在这一点上对任何声称自己不受意识形态影响的科学立场以及所有家长式的批

---

[1] Honneth, *Das Recht der Freiheit*, S. 23.
[2] Louis Althusser, »Ideologie und ideologische Staatsapparate«, in: ders., *Gesammelte Schriften*, Bd. 5: *Ideologie und ideologische Staatsapparate*, Halbbd. 1. Hg. und aus dem Französischenübers. v. Frieder Otto Wolf, Berlin 2010, S. 37—102.

判形式都表示怀疑。

朗西埃在他后来的著作中的方法也在很大程度上对马克思主义传统采取了批判立场[1]，因为它错误地在哲学家和普通人之间划了一条分界线。在他的第一批文本中，朗西埃仍然追求一种激进的马克思主义方法；在一本颇具传奇色彩的书中，他与路易·阿尔都塞（Louis Althusser）、艾蒂安·巴里巴尔（Étienne Balibar）、罗格·埃斯塔布勒（Roger Establet）和皮埃尔·马舍雷（Pierre Macherey）一道阅读了马克思的《资本论》。[2]后来，他与这一观点分道扬镳了，因为他指责这本书引入了"认识论的断裂"。为了绕过这一障碍，朗西埃转向了工人阶级的档案（在《工人的话语》（La parole ouvrière）一书中，工人们自己说话），以重建社会和政治的话语与实践，从而重塑政治空间。这些话语和实践之所以是政治的，是因为它们打破了由"感性分配"（Aufteilung des Sinnlichen）所建立的共识；它们质疑社会地位与归属于该地位的能力之间的联系——看、说以及确定什么适合于有关地位的能力。朗西埃如

---

[1] 关于以阿尔都塞为中介的朗西埃与马克思的关系，参见：Emmanuel Renault, »The Many Marx of Jacques Rancière«, in: Jean-Philippe Deranty, Alison Ross（Hg.）, *Jacques Rancière and the Contemporary Scene. The Philosophy of Radical Equality*, New York 2012, S.167—186。也参见：Guillaume Sibertin-Blanc, »De la coupureépistémologique à la coupure politique. Rancièrelecteur de Marx, 1973—1983«, online unter 〈http://revuepe riode.net/de-la-coupure-epistemologique-a-la-coupure-politique-ranciere-lecteur- de-marx-1973—1983/〉, letzterZugriff 11. 3. 2020。

[2] 朗西埃和阿尔都塞合著的《阅读资本论》一书最早出版于1965年，参见：Louis Althusser u. a., *Das Kapital lesen*, vollständige und erg. Ausgabe. Aus dem Französischen von Frieder Otto Wolf und Eva Pfaffenberger, Münster 2015。

此坚决地背弃了某种形式的马克思主义，他对群众及其实践不感兴趣，但在 1981 年的《无产者之夜》中，他致力于研究一些"'无法再现'的个体的""话语和遐想"。[1] 在这本书中，朗西埃呈现了一些人的"话语、声明和梦想"，"1830 年前后，几十、几百个 20 来岁的无产者，当时他们每个人都决定不再继续忍受不可容忍之事"。[2] 这里所说的"夜晚"是"从正常的工作和休息顺序中抢出来的"，它打断了事情的正常进程，它是这样一种夜晚——"不可能之物在其中准备着，梦想着，已然存活着：废除使得体力劳动者从属于那些拥有思考特权的人的传统等级制度"。[3] 根据朗西埃的观点来看，矛盾的是，正是在这一点上，工人的身份才得以形成：在他们试图抛开无产阶级的生活方式的时刻，他所指出的对事物秩序的根本性的不赞同（Nicht-Einverständnisses）就会出现，尽管是以对无产阶级的生活的强迫为中介。朗西埃认为，恢复一种远离了阶级意识或任何形式的工人神话的工人阶级的声音，能够更有效地批判"让每个人各就各位"的分配。[4]

　　这里表达出了一种在朗西埃著作中随处可见的平等的方法。在他的《无知的教师》一书中可以找到一个强有力的例子。在此书中，他从雅克托（Jacotot）——其教学建立在智力平等的基础

---

[1] Jacques Rancière, *Die Nacht der Proletarier. Archive des Arbeiterstraums.* Aus dem Französischen von Brita Pohl, Wien, Berlin 2013 [1981], S. 10.

[2] Ebd., S.7.

[3] Ebd., S.8.

[4] "如果鞋匠们干预立法"，"那么城市里就只有坏的法律，而再也没有鞋了"。它还有一个革命版本，它是说，"当鞋匠们自己想创造一种工人解放的哲学时，他们复制的正是专门用来蒙蔽他们和阻挡他们解放道路的思想"（ebd., S. 31）。

上——的形象出发，对教学意味着什么进行了全新的界定：无知者进行教学并唤起解放的政治效果，因为他预设了平等。[1] 在《无产者之夜》中，朗西埃已经指出，人们必须"向那些并非专业思想家的人的机敏性学习"，"他们通过打破昼夜循环，教会我们去质疑语词与事物、前与后、可能与不可能、同意与拒绝之间的关系的理所当然性"[2]。在某种程度上，这是学习学生的机敏性。

通过平等方法，朗西埃为批判提供了一种对社会秩序进行政治颠覆的新形式：社会秩序被每一个这样的行动所拒绝，这种行动预设并证实了任何人与任何人都是平等的。批判就是努力看透一种基于不平等的社会组织形式，推翻预先给定的位置，通过呈现那些本不算数的份额来拒绝基于不平等的分配：用《歧义》中的话来说，就是无份之份（der Anteil der Anteilslosen）。这就重新定义了社会概念。社会既不是"权力操心"的单纯对象，也不是纯粹的权力生产（从福柯式的角度看是如此 [3]），而且也不构成政治的真相。朗西埃感兴趣的是

---

[1] Jacques Rancière，*Der unwissende Lehrmeister. Fünf Lektionen über die intellektuelle Emanzipation.* Aus dem Französischen von Richard Steurer，Wien 2007 [1987].

[2] Jacques Rancière，*La Nuit des prolétaires. Archives du rêveouvrier*，Paris 2012，S. 12.（这段引文来自新版本的"后记"，德文译本中没有收录。——德文版译注）

[3] "福柯将操心的经典形式（大众面对工作／危险的担忧）转化为另一种形式：权力积极地从事对生活的管理和最优的个体化形式的生产。"参见：»Biopolitik oder Politik？Mit ÉricAlliez«，in Jacques Rancière，*Die Wörter des Dissenses. Interviews 2000—2002.* Aus dem Französischen von Richard Steurer，Wien 2012，S.93—99，hier S.98。

社会的这些不同含义之间的关联。与社会有关的是一种分配，它是早期关于治理（Staatsführung/gouvernement）的科学研究意义上的"治安（polizeilich）"，也就是说，一种总是基于物质和符号等级制度而对位置进行的功能性分配。在朗西埃看来，政治是一种以平等之名拒绝这种分配的方式。

当个体积极参与时，社会秩序中出现的平等便产生了"主体化"的形式。这种"主体化"反对"主体性的形成是身份的实现"这一观点，即使这种主体性像在霍耐特那里一样采取了个人完整性的形式。批判也并不是植根于原始的、活生生的主体性（就像某些马克思主义的解释或者甚至福柯的解释那样）。在没有社会科学的情况下，政治主体化的理论基础——它相当于对社会分配的去身份化（Des-Identifizierung）——也能广泛成立，并且它反对"自主性是在既存的异质性形式中形成的"这一观点。从这个角度来看，批判理论并不承担科学地说明一种社会状态或情境的任务。朗西埃拒绝批判方法（从诸如法兰克福学派式的或阿尔都塞式的马克思主义理论到布尔迪厄式的批判社会学以及社会史和文化社会学）的方法论预设，这些方法以社会不平等作为出发点，并诉诸一个将当下的不平等转化为未来可实现的平等的过程。事实上，根据朗西埃的说法，这种科学助长了一种不平等的方法。在一个不确定的未来，被动性会转化为主动性，就此而言，这又预设了不对称和不平等。因此，"统治和剥削是由于对社会关系机制的无知而产生的"这种解释导致了一个循环，而被朗西埃拒绝的各种批判理论都诉诸这一循环来证明自己的有效性：个人因为被支配而无知，又因为无知而被支配。但是，如果个人是因为他们不知道支配的法则而被支配，那么他们就对被支配一无所知。与此相反，朗西埃的方法是为了产生直接的影响，因此他的方法不是基于对意识形态和幻觉的批判，而且他反对这样一些哲学和社会学方法，它们采用了柏拉图将社会等级和灵魂等级相提并论的做法并且"科学地"证明社会积极性和精神能力之间的关联。相反，朗西埃的方法是基于对与主体社会地位分配相关的共识的拒绝。通过这种方式，朗西埃不仅放弃了社会学分析，他甚至质疑它们所预设的认识论——这一点与法兰克福传统完全对立。

因此，霍耐特和朗西埃之间的"短暂相遇"是一种争论的开端，其中有许多内容需要展开：它为对这两种批判方式进行比较而产生的丰硕成果提供了一种洞见。因此，它是在多元且充满张力的批判传统中发生的持续的、非常多样化的对话的一部分。例如，法兰克福学派的代际传承便是以这种对话为标志，其特点是吸收和断裂，是对其原始形式已被他们歪曲过的遗产再加利用或实现；这同样适用于福柯或德里达的读者。在其他对话中，德国传统和法国传统被相互比较，在某些情况下，它们之间的分歧被证明是富有成效的，例如，我们想一想哈贝马斯和德里达之间的对话[1]——这是一次真正的对话，随后是一场外部争论[2]，以及哈贝马斯和女性主

---

[1] Jürgen Habermas, Jacques Derrida, *Philosophie in Zeiten des Terrors. Zwei Gespräche*. Geführt und eingel. von Giovanna Borradori. Aus dem Englischen und Französischen von Ulrich Müller-Schöll, Berlin, Wien 2004.

[2] Lasse Thomassen (Hg.), *The Derrida-Habermas Reader*, Chicago 2006.

义者之间的对话。[1] 不过，也有一些争论在很大程度上以误解和分歧为特征，例如，哈贝马斯反对法国批判传统，特别是福柯，他拒绝福柯的隐性的规范论。哈贝马斯和福柯之间缺失的讨论终于在一些重要著作中从外部得到弥补，例如大卫·库森斯·霍伊（David Couzens Hoy）和托马斯·麦卡锡（Thomas McCarthy）的《批判理论》（Critical Theory），其中对"理性之睡 / 梦（sueños der Vernunft）"的两种解释——既是其睡眠，又是其梦魇［根据戈雅（Goya）的说法，梦魇孕育了怪物］——与批判范式的两种图景相对峙：一方面是麦卡锡所展现的哈贝马斯式的（以"康德式理性理解的连续性中的变化"的形式），另一方面是霍伊的，他支持伽达默尔或福柯提出的替代方案，提出了"被理解为理性的东西的偶然性"。[2] 在《权力的批判》中，霍耐特本人也与哈贝马斯和福柯进行了这样的争论[3]，同时他将阿多诺和福柯的大胆尝试进行了比较，认为这是揭露欧洲理性以及伴随其发展的统治的扩

---

[1] Johanna Meehan (Hg.), *Feminists Read Habermas. Gendering the Subject of Discourse*, London, New York 1995.

[2] David Couzens Hoy, Thomas McCarthy, *Critical Theory*, Oxford 1994, S.2. 但人们也可以想到阿申登和欧文的书，它在福柯和哈贝马斯之间，在两种不同的批判和启蒙概念之间，以福柯针对哈贝马斯的谱系学批判可能会作出的回应的形式，延续了哈贝马斯和福柯之间的争论。Samantha Ashenden, David Owen (Hg.), *Foucault Contra Habermas. Recasting the Dialogue Between Genealogy and Critical Theory*, London 1999. Erwähnt sei auch Michael Kelly (Hg.), *Critique and Power. Recasting the Foucault/Habermas Debate*, Cambridge, Mass., 1994.

[3] Honneth, *Kritik der Macht*.

张的两种尝试。[1] 此外，霍耐特还与他同时代的人进行了讨论。当然，最有名的是他与南希·弗雷泽（Nancy Fraser）就承认和再分配的范式进行的对话，这一对话重新思考了社会正义[2]，但也有其他对话——比如，与吕克·博尔坦斯基（Luc Boltanski）的"批判的社会学"[3] 或者与克里斯托夫·德茹尔（Christophe Desjours）的劳动心理动力学之间的对话。这些对话构建了批判传统，此外，还可以加上厄内斯特·拉克劳、朱迪思·巴特勒和斯拉沃热·齐泽克（Slavoj Žižek）之间的对话，以及朱迪思·巴特勒和卡特琳娜·马拉布（Catherine Malabou）之间的对话。[4]

---

[1] 在霍耐特看来，阿多诺和福柯代表了工具理性批判的两种形式，代表了真实主体性的一种"模糊的"相反概念：他们都批评了历史理性及其在启蒙时代和爆炸性资本主义时代的展开，以及当代社会中的整合形式。"两人显然都看到了工具合理化的文明进程，在能够完全控制和操纵社会生活的统治组织中达到了顶峰"（Honneth, »Foucault und Adorno«, S. 136 f.）。但是，霍耐特认为在福柯那里可发现一种对人类主体性的攻击，与此相反，霍耐特捍卫一种阿多诺式的观点，即主体性与被文明剥夺了的本能和想象层面具有和解的可能性。

[2] Nancy Fraser, Axel Honneth, *Umverteilung oder Anerkennung? Eine philoso phischpolitische Kontroverse.* Übers. der englischen Texte von Burkhardt Wolf, Frankfurt/M. 2003.

[3] Luc Boltanski, *Soziologie und Sozialkritik.* Aus dem Französischen von Achim Russer und Bernd Schwibs, Berlin 2010 [2009]. 这本书是2008年吕克·博尔坦斯基应霍耐特之邀参与在法兰克福举办的阿多诺讲座而产生的。

[4] Judith Butler, Ernesto Laclau, Slavoj Žižek, *Kontingenz, Hegemonie, Universalität. Aktuelle Dialoge zur Linken.* Aus dem Englischen von Sergej Seitz, Wien, Berlin 2013 [2010]; Judith Butler, Catherine Malabou, *Sois moncorps. Une lecture contemporaine de la domination et de la servitude chez Hegel,* Paris 2010.

我们的"批判的对话"是这种双重视角的一部分：一方面是已经发生的对话，另一方面是事后重构或想象的争论。它包括个人相遇时实际进行的对话，但也被理解为进一步的发展和其他对话可能性的开端。为此，需探讨其中的分歧和共同点。

三、预期的分歧：社会 vs. 政治
在这种情况下，什么样的对话是可能的？

早在会面之前，这两位处于这种共同且复杂的批判传统中心的理论家之间的分歧就已经很明显了，以至于人们担心这两种方法的前提是不相容的。

首先，两位理论家关于对话、交往以及（归根到底）共同体的看法天差地别。朗西埃拒绝了哈贝马斯式的对政治共同体的理解，而这种理解基于理想的相互理解，相反，朗西埃关注的是阻碍平等者之间所有对话的"歧义"要素。在他看来，政治问题始于"有能力与共同体接触的主体的地位受到威胁的地方"[1]。为了弄清楚什么是政治共同体，我们必须回到社会决定的时刻，即谁的声音被视为缺乏理性的单纯表达形式，也就是噪声，而谁又被赋予了真正发言的能力。根据他的分析，每个共同体最初都是以这种方式来划分的。在《歧义》的第三章，朗西埃明确地将他对政治的理解置于这样一种二选一之外，在他看来这种二选一是错误的，即在启蒙的交往理性和原

---

[1] Rancière, »Biopolitik oder Politik？«, S. 95.

始力量的黑暗或不可化约的差异性之间进行二选一，或者超越这样一种选择，即在同伴交流（这些同伴将其利益或规范置于讨论中）与非理性力量之间进行非此即彼的选择。[1]在朗西埃看来，将政治理性和言说者的地位等同起来，这恰恰构成了政治斗争中应该被质疑的前提。比方说，他提到了"你们已经理解我了"这一表达，以此反对哈贝马斯的观点，即假设理性中固有一种支配性会构成一种述行性的自相矛盾。这一表达虽然包括一个共同的相互理解的理想，但进一步解读，也意味着将理解问题的人和必须理解命令的人并列起来了。这表明，在逻各斯内部，关于问题的语言与关于命令的语言有着霄壤之别。[2]因此，与其从哈贝马斯的角度分析那种使得在交往情境中原则上平等的公民有可能达成共识的程序，不如通过坚持理性交流基本的不对称性，考察政治共同体本身的构成以及随之而来的交往的可能性。人们不仅要考虑到不一致，还要考虑到歧义。

如果政治是关于社会可见之物和仍然不可见之物之间的分配，以及关于真正的言说和只是噪声的声音之间的分配，那么政治视角从一开始就与审美相联系，而朗西埃也重新定义了审美。在《感性分配》（*Die Aufteilung des Sinnlichen*）中，他明确表示，他的意图是要强调美学中所理解的感性（Sinn）："美学既不是一般的艺术理论，也不是以对感官的影响来定义艺术的理论，而是一种识别和思考艺术的特定秩序。美学是一种阐明活动形式、模式（在其中这些活动成为可见的）以及思

---

[1] Rancière, *Das Unvernehmen*, S. 55.
[2] Ebd., S.56f.

考两者之间的关系的方式，这意味着对思考的效果有某种想法。"[1]在法兰克福学派第二代理论家那里，这种审美视角所占的分量要少得多。

另一方面，霍耐特的承认理论延续了哈贝马斯的交往范式，并从内部对其进行了修正。像哈贝马斯一样，霍耐特也从一种世界内的情形开始：不是在交往实践中（理想的相互理解的条件来源于这种交往实践），而是在一种社会互动中，在他看来，这种社会互动甚至更加根本。因为霍耐特扩展并修正了哈贝马斯的框架，从一个个体被拒绝承认时可能产生的否定经验出发，以揭露某些社会关系结构所违反的情感、法律和社会层面的规范性期望。[2]为了使理论能够像哈贝马斯所希望的那样[3]把握住受影响者所遭遇的问题，人们必须从被拒绝或扭曲的承认经验出发，甚至从被支配者所拥有的不公正经验出发（根据霍耐特的估计，这些经验不一定构成交往的障碍），并从他们表达或无法表达这些经验的语言出发。根据霍耐特的观点，交往不能被简化为语言交流，因为它有一种身体维度，需要对社会性的蔑视或社会性的不可见的迹象进行分析。因

---

[1] Jacques Rancière, *Die Aufteilung des Sinnlichen. Die Politik der Kunst und ihre Paradoxien. Aus dem Französischen von Maria Muhle u. a.,* Berlin 2006 [2000], S. 23.

[2] 参见: Honneth, *Kampf um Anerkennung,* oder auch Fraser, Honneth, *Umverteilung oder Anerkennung ?*

[3] Jürgen Habermas, *Faktizität und Geltung. Beiträge zur Diskurstheorie des Rechts und des demokratischen Rechtsstaats,* Frankfurt/M. 1992, S.24. 埃马纽埃尔·雷诺（Emmanuel Renault）分析了霍耐特对哈贝马斯的这一批评，参见: *L'expérience de l'injustice. Reconnaissance et clinique de l'injustice,* Paris 2004, S. 72—92。

此，霍耐特与哈贝马斯的交往转向一脉相承，但又试图弥补交往理论的不足。[1]他试图"以一种更加社会学的方式把握交往理性的抽象轮廓，尝试将其作为相互承认的原则直接固定在社会再生产中"[2]。当它们从在社会斗争中明确表达的实践和话语层面出发时，承认的规范性期望便包含了一种批判潜能，这种批判潜能能够让社会变革的动力得以启动。

因此，霍耐特和朗西埃的另一个重大区别在于，霍耐特将规范性期待和道德经验置于其理论的中心。而朗西埃批评了政治和美学中的伦理转向，他在分析艺术作品的过程中诊断出这一点——借助电影或当代艺术装置。[3]这种转向导致了我们难以区分实然（Sein）与应然（Sein-Sollen），并导致了规范被消解于事实之中。对朗西埃而言，伦理转向并不意味着朝向道德规范的德性回归，而是取消"道德"一词本身所隐含的划分，即法律和事实之间的划分——将政治共同体转变为一个单一民族的伦理共同体，所有人都预先算在这个伦理共同体之内。[4]道德考量并没有提供进入社会规范性的途径：两位理论

---

[1]参见：Axel Honneth，»Anerkennungsbeziehungen und Moral. Eine Diskussionsbemerkung zur anthropologischen Erweiterung der Diskursethik«，in：Reinhard Brunner，Peter Kelbel（Hg.），*Anthropologie，Ethik und Gesellschaft. Für Helmut Fahrenbach*，Frankfurt/M.，New York 2000，S. 101—111。

[2] Axel Honneth，»La philosophie de la reconnaissance. Unecritiquesociale«，in：*Esprit 7*（2008），S. 88—95（von M. Foessel aufgezeichnetes Gespräch）。

[3] Jacques Rancière，*Das Unbehagen in der Ästhetik. Aus dem Französischen von Richard Steurer*，Wien 2007［2004］。

[4] Ebd.，S.134.

家似乎都把他们的批判性思维置于其他层面。但是，即使一个人把伦理（Sittlichkeit）和社会联系起来，而另一个人把道德和政治分开，我们将看到，朗西埃的政治立场仍然预设了规范性的表达和对正义的要求，尽管这一点并没有被明确地指出来。

四、讨论

在两种不同的关于共同体和相互理解的看法的基础上，对话如何可能发生？尽管存在很大的理论分歧（在交流过程中这些分歧并没有被遗漏），两位思想家还是进行了讨论，而且是从现存秩序的转变这一核心问题出发。打破这种秩序的冲动是源于对承认的需要，还是源于对平等的渴望？在关于什么是历史变革的推动力这一点上，两位思想家给出的方案存在分歧。

在讨论中，两位哲学家在对方的方法中发现了一些似乎与他们声称捍卫的社会转型的批判计划相矛盾的因素。朗西埃的贡献在于对他眼中的承认理论所预设的主体及其身份的特定理解的批判。他认为，这种理论有可能忘记分歧或歧义要素。霍耐特的承认理论建立在一种论战性的承认概念之上，隐藏在其背后的既是一种认同结构，也是围绕这种认同的冲突思想。虽然霍耐特并没有错误地假设成问题的身份已经事先形成了，然而他还是捍卫一种实质性的和目的论的身份版本，这同样是有问题的。朗西埃用一种"主体化"（Subjektivierung）概念反对这种实质性的身份概念，在承认动力学内部，身份概念作为基础和目标服务于一种伦理进步逻辑，而"主体化"则被理解为对社会性的个人分配的去身份化。他以第一个承认领域为例，表达了他对以和解方式形成的自我关系为名，将爱还原为与母亲的关系的怀疑。他用一种"普鲁斯特模式"[1]的爱取而代之，这使他能够阐明一种不同的对身份的理解。在他看来，是平等而非个人身份或个人完整性，应该被置于承认动力学的中心。

霍耐特则在阅读《歧义》第二、第三章的基础上，对朗西埃的理论进行了内在重构。他反思了朗西埃理论中作为政治变革驱动力的对平等的渴望，并推测这可能是朗西埃不得不承认的一种人类学上的给定事实。只要它在朗西埃那里没有采取与社会的具体历史情形相对应的形式，它就是一种人类学给定事实。霍耐特力图证明，根据这种政治概念，朗西埃思想中的社会变革必须始终被看作某种外部的东西——这导致了一种成问题的政治概念。一方面，从外部进行批评的治安秩序被以一种过于僵化的方式描述和想象为一种完全受管制的秩序；根据霍耐特的批评，这样将无法把握社会的复杂性，而行动者重新解释和颠覆规范性原则的动力将仍然晦暗不明。另一方面，在霍耐特看来，这种将政治还原为对治安秩序的破坏的做法，这种概括政治及其争取承认的斗争的方式，并不会令人满意。霍耐

---

[1] 朗西埃对普鲁斯特小说的分析参见：*Die stumme Sprache. Essay über die Widersprüche der Literatur*. Aus dem Französischen von Richard Steurer, Zürich 2010 [1998]；也参见：*Politik der Literatur*. Aus dem Französischen von Richard Steurer, Wien 2011 [2007] und vor kurzem *Die Ränder der Fiktion*. Aus dem Französischen von Richard Steurer, Wien 2019 [2017]。

特的工作是对受到行动者质疑的规范原则进行一种内在批判，因为这些行动者并没有在这些原则中重新发现自己，他们试图重新解释这些原则。这解释了为什么霍耐特的著作越来越倾向于在现代社会中制度化了的承认的框架条件。

五、预期的分歧：社会和政治

如我们所见，朗西埃在其主要著作《歧义》以及其他文本中，批评了那些专注于"社会"的方法。在他看来，社会逻辑与政治逻辑是对立的，因为社会逻辑以对地位的"治安"分配为基础。治理（Regierung/gouvernement）概念所占据的进程将人们的联合组织成一个共同体并征得他们的同意，并以对地位和职能的等级分配为基础，这一进程并不属于政治范围，而是属于他所说的"治安"范围。通过重申平等，"主体化"这一特定的政治行动拒绝这样分配的位置，并使社会世界实践中的不平等关系失去稳定性。因此，真正的政治进程在于对平等的确证。[1] 当我们将自己从给定的身份和地位中解放出来，展示我们并不拥有的身份时（**表演者**），这种重申就生效了。这样一种进程明确无误地具有一种"审美"维度——在这个词的原始意义上，因为通过"审美"，拒绝了社会主导性的感知方式。而这种从根本上进行解放的审美维度在"审美"一词的

[1] Jacques Rancière, *An den rändern des Politischen*. Aus dem Französischen von Richard Steurer-Boulard, Wien 2019 [2004].

其他意义上成为其他实践的任务，即通过现代性革命而成为可能的艺术实践，它允许所有性别、所有风格以及原则上所有公众接触到所有材料。

这种由对社会的拒绝而产生的、强调政治的审美维度的解放思想，完全可以打出某种承认理论的旗号，当然即使霍耐特会拒绝这种模式。但无论"承认"概念如何，对朗西埃而言，最重要的是，这样一种理论不会由于对身份的过度规范化理解而丧失其批判维度和政治维度。

根据霍耐特的观点，相互承认是每个个体形成积极实践的自我关系的条件。这并不是说，我们应该遵循一种纯粹的心理学化的方法。在霍耐特的核心观点中，他借助社会学来反思自我实现的社会条件。但这也意味着，一种过于直接的政治方法将仍然是片面的和抽象的，它没有注意到规范性期待的连续的制度化阶段，以及现代个体的人格形成所依据的方式和方法。这种对社会生活和个体整合模式的现实看法解释了，为什么霍耐特在其近作中建议将资本主义社会视为一种制度化了的承认关系的结构。霍耐特把黑格尔《法哲学原理》中的方法作为一个主要参考系，他问道："在我们的社会中，什么样的社会实践已经被制度化，以至于相互承认的形式从其中产生？"[1]在公共规则和规范的形式中，这些制度化的承认形式考虑到了个人的需求、权利和个体自主性，以及个人在社会中的成就和他对政治秩序的参与。因此，它们包含了规范性原则，借助这些

---

[1] 至少，在《精神》杂志（*Esprit*）的相关采访中，霍耐特如是说，参见：»La philosophie de la reconnaissance«，S. 89。

原则，当代社会中的个体能够以正当的方式使得自己的道德要求生效。批判是在这些原则的基础上进行的，例如，当其中一个原则被某种形式的社会病理学否定时。通过制度化的原则和个体表达出的未获满足的承认要求之间的来回转换，（最广泛意义上的）正义就在这种承认关系的转变中产生了。正如历史发展所呈现的那样，要么原则的有效性被扩大，要么原则被重新解释。这种观点与关于平等的革命性爆发相去甚远。政治上的利害被转移到由社会科学提供的社会理论中。[1]

　　就霍耐特对民主社会中多元承认关系展开了一种内在批判而言，他将民主问题转移到使公民参与公共空间成为可能的社会条件之上。而朗西埃则持有一种完全不同的民主概念：民主绝不是代议制的政府形式，也不是自由的资本主义社会，而是由对许多人——亦即那些没有头衔和能力的人——的控制所展现的丑闻，是"对民主的憎恶"（Hasses der Demokratie）的起源。[2]

---

[1] 从社会和制度基础的角度来理解自由概念，就构成了这方面的一个例子，参见：Axel Honneth，»Von der Armut unserer Freiheit. Größe und Grenzen der Hegelschen Sittlichkeitslehre«，in：ders.，*Die Armut unserer Freiheit. Aufsätze 2012—2019*，Berlin 2020，S.38—58。只有当个体也能参与到霍耐特所说的"制度化的交互性领域"时，个体自由才能通过社会制度得以实现（S.58）：家庭和个人关系、劳动力市场和民主决策过程。提到制度时，个体指向的是自身：正是在这个意义上，霍耐特将黑格尔的"精神"（Geist）概念理解为：一种自反的自我关系观念，导致主体将客观的社会现实理解为他们作为理性的与自己发生关系的主体之活动的产物。霍耐特提出了一个通过制度化实践而体现的自由概念，它不能被简化为主体权利和道德自律。

[2] Jacques Rancière，*Der Hass der Demokratie. Aus dem Französischen von Maria Muhle*，Berlin 2012 [2005]。

六、和解可能吗？

霍耐特和朗西埃提出了两种不同的方法来尝试解释一个特定的现象，即不是服从于现有秩序，而是违反或颠覆这一秩序。通过构建不同的批判模式，这里进行的比较可以阐明他们各自思维方式的具体缺陷，甚至是无法解决的困境。它指出，如果承认理论成为一种纯粹的社会理论，将社会行动者而不是政治主体置于首位，那么承认理论就会面临失去其政治维度的危险，同样，歧义理论也会面临相应的没有考虑到其自身的制度化以及其自身的社会转化的危险——换句话说，通过假装放弃社会科学和对社会的不同看法，它将社会领域中出现的政治问题置于晦暗之中，并将自己限制在对政治的外部批判上。然而，两位思想家最终并没有达成一致，而是重新强调了他们各自的理论中最重要的内容，以及对方理论中仍毫无指望的、值得批判的内容。霍耐特对社会进行了一种细致分析，以表明社会的政治转型只有通过争取承认的斗争才能实现——通过一种旨在为实现主体的规范性期望带来适当的社会条件的斗争。与此相反，朗西埃认为每种行动都是政治性的，在这些行动中，提出平等要求的主体与广义上的社会治安逻辑之间的紧张关系得到了表达：社会被还原为一种预先分配地位、形成身份的秩序，以便为一种更为激进的政治概念留下空间。

这两种方法，也是两种不同的哲学方式，在这里相互对峙，并成了一种以富有成效的方式而扭曲了的对话。霍耐特使用的是承认的方法，通过承认其他的学说来争取和解；朗西埃带来的是分歧，一种破坏稳定的共识的歧义。因此，这场争论为未来的思考奠定了基础，而未来的思考可能会集中在社会和政治的交织上。但是，也许这场辩论并不只是展现了两位思想家之间的差异和明确的分歧。朗西埃多次要求我们把他的理论理解为一种特殊形式的承认理论。这表明，这一切恰恰使得他们之间的碰撞和辩论是有根据的和有前景的，并且有可能从里面学到其他教益。在分歧之外，是否还存在一种理论直觉和意图上的共识，以另一种方式阐明了当前批判哲学中的困难和问题？

七、两种承认理论？

尽管霍耐特和朗西埃代表着两种不同的哲学传统，但在基本意图以及精神计划的特征方面，他们有许多共同点。两人都是所谓的"批判理论"的代表，这意味着，如上文所述，他们试图对当前的社会和政治倾向进行批判性的诊断，为了阐明这种诊断，借鉴了欧洲哲学传统的概念资源，但也直接参照了社会历史现实。但是，在我们看来，现在承认问题对于批判理论的定义而言是决定性的，这在两位思想家那里都有所体现。

在这两种情形中情况都是一样的，一种"批判哲学"的计划是以概念和经验之间的复杂关系为标志的：概念性工作直接来自对社会和历史数据的经验研究，但这种概念性工作，就其本身而言，追求的目标是回到社会政治现实，对它进行"诊断"和批判，并在必要时伴随其变化。在这方面，它的计划与纯粹的规范性政治哲学非常不同。它的基本动机不是纯粹的理论，而是指向一种政治维度，因为它的目标在于在理论工作层面为社会的普遍解放作出贡献。而这一目标也是从实际的诊断和批判工作中表达出来的，因为它将注意力集中在阻碍每个人的自由的社会和政治障碍之上。

这些非常普遍的特征适用于众多"批判理论"模式。即使人们停留在批判理论计划的形式特征上，也会立即明白，为承认而斗争的想法在多大程度上是这些计划的兴趣之所在。争取承认的斗争指的是一个群体或阶级试图迫使社会其他成员审视这些状况，并承认这里确实存在某种形式的不公正，因此正是在这一点上应该改变社会秩序，将自己从社会压迫状况中解放出来。那种试图找出承认的要求是什么，这种要求是否正当，承认如何能实现或不能实现，以及如何能与普遍解放这一计划联系起来的概念工作，正是以刚才所描述的方式将经验和政治联系起来的那种理论工作。然而，应该注意的是，法国传统中的承认概念倾向于强调与承认机制密切相关的结构发生了扭曲，由于拉康和阿尔都塞的原因，这种承认概念在很多人那里已经失去了信誉，而这些——特别是英语世界中的——人，在今天仍然诉诸他们的遗产。[1]

---

[1] Jacques Lacan，»Das Spiegelstadium als Gestalter der Funktion des Ichs« [1949]. Aus dem Französischen von Hans-Dieter Gondek, in: ders., *Schriften*, Bd. 1, Wien, Berlin 2016, S. 109—117; ders., *Das Seminar*, Buch 1: *Freuds technische Schriften* (1953—1954). Aus dem Französischen von Werner Hamacher, Wien 2015.; und Althusser, »Ideologie und ideologische Staatsapparate«.

因此，承认概念显然与"批判"计划如此相关，这无疑解释了为什么朗西埃认为，谈论与他自己的思想相关的承认理论没有任何障碍。而在他的《阿尔都塞的教训》（Die Lektion Althussers）一书中，他甚至是第一个使用这个词的人，比这个词第一次出现在霍耐特那里还要早十年。[1]当人们采用一种谱系学视角，并考虑到他最系统的"批判哲学"著作《歧义》与20世纪70年代关于"工人梦想档案"的大量历史学工作之间存在着的密切联系时，人们就能把握承认概念在朗西埃政治思想中所具有的完整地位。这项研究工作是20年后在《歧义》中提出的社会本体论和政治观点的直接来源。自该书出版以来，朗西埃从未停止过提及这些被遗忘的法国第一次工人运动的人物。对他而言，他们是使得他思考政治行动的典范人物形象。尽管他的政治本体论似乎采纳了他的同事阿兰·巴迪欧（Alain Badiou）的某些核心范畴，但一旦在整个作品背景中来考虑，它实际上似乎是将历史经验转化为了形式范畴，这些历史经验构成了一种范式，必须从这种范式出发来思考"为解放而斗争"。

由于上述同样原因，在这个档案研究过程中所发现的文献，也对理解承认给出了阐释。因此，那个时期的文本，无论是《工人的话语》（La parole ouvrière）中工人文本的导言，还是《逻辑造反》（Les révoltes logiques）杂志中的第一批文章，都充满了诸如"斗争"和"承认冲突"这样的词汇，也就不足

---

[1] 参见：Jacques Rancière, Die Lektion Althussers. Aus dem Französischen von Ronald Voullié, Hamburg 2014［1974］。此外，值得注意的是，《无知的教师》中，有一章的标题便是"蔑视的社会"。

为奇。[1] 在《歧义》出版之前的 20 年，当时的核心概念是逻各斯——一种是在允许人们首先为自己的要求提供理由的理性意义上；一种是在允许个体被算作理性存在者的意义上。根据 20 世纪 70 年代的这些文本，按照朗西埃的说法，无产者的斗争是围绕着"工人的尊严问题"展开的。[2] 这不仅包括与工资或劳动组织相关的要求，而且在同等程度上还包括这样的一种要求：工人要求"承认"他们作为理性存在者以自己的名义发言的能力。因此，"一个阶级以自己的名义出场，表明自己的立场，并对自己被言说的方式作出回应，这种独特的尝试"[3] 也是工人斗争的一部分。即便如此，朗西埃还是提到了巴朗什（Ballanche）所谈及的平民向阿文丁山（Aventin）的撤退[4]，他将其解释为一种"起义"，人们可将其"等同于被

[1] Alain Faure，Jacques Rancière，*La parole ouvrière，1830—1851*，Paris 2007 [1976]，S.7—19；dies.，»Savoirshérétiques et émancipation du pauvre«，in：Jacques Rancière，*Les scènes du peuple. Les révolteslogiques 1975—1985*，Lyon 2003，S. 35—54.

[2] Faure，Rancière，*La parole ouvrière*，S. 8.

[3] Ebd.，S.10.

[4] 毫无疑问，《歧义》中的这段话值得引用，十年后，这个例子再次被提起："鉴于此，聚集在阿文丁的平民们做了什么？他们没有像斯基泰人的奴隶那样为营地构筑工事防御。他们做了那些人无法想象的事情：他们建立了一个不同的秩序，一种不同的感性分配，他们并不是将自己构造成与其他战士一样的战士，而是构造成一种与不承认他们的人具有同样特点的言说的存在。因此，他们进行了一系列模仿贵族的言语行为：他们发出诅咒和崇拜的声音；他们在其中选择一个人去询问他们的神谕；他们通过给代表起新名字，而自己当代表。简而言之，他们像一种拥有名字的存在一样行为。以越轨的方式，他们发现自己是能言说的存在，被赋予了一种语言，这种语言不只是表达需求、痛苦和愤怒，还展现智识。巴朗什说，他们'在天空中写下一个名字'：在一个言说存在共同体的符号秩序中占有一席之地，而这个共同体在罗马政体中还不具备效力。"（S.36）

承认为一个言说主体并且获得一个名字"[1]。

朗西埃70年代的这些文本中的论点直接让人联想到霍耐特的早期文本，而作者当时并没有意识到这一点。这一点在《道德意识与社会阶级统治》（Moralbewußtsein und soziale Klassenherrschaft）一文中表现得尤为突出，在这篇文章中，霍耐特力图重新阐释马克思。他指出，在马克思的解放理论背后，存在着承认工人尊严的原则性要求。[2]这篇文章是80年代最明确地宣告转向承认主题的文本之一。这个概念提供了一种在概念上丰富且复杂的语法，足以将工人的斗争解释为争取尊严的斗争。同时，朗西埃明确地将争取**逻各斯**的斗争，即试图获得对自己说话的能力和拒绝他人评价的能力的承认，描述为争取承认的斗争[3]，一种"被承认的需求"，从中"表达了对被蔑视的拒绝"。[4]而朗西埃强调，试图作为一种言说的存在而获得与其他阶级一样的承认，这种尝试具有一种实际的、在历史斗争中得到证明的力量，因此"主张自己的权利的意愿就意味着决定用武力来捍卫权利"[5]。

因此，朗西埃将第一批工人斗争解释为为了承认无产阶级

---

[1] Faure, Rancière, »Savoirshérétiques et émancipation du pauvre«, S. 38.

[2] Axel Honneth, »Moralbewußtsein und soziale Klassenherrschaft. Einige Schwierigkeiten in der Analyse normativer Handlungspotentiale«, in: ders., *Das andere der Gerechtigkeit. Aufsätze zur praktischen Philosophie*, Frankfurt/M. 2000, S. 110—131.

[3] 在《异端知识与穷人解放》（»Savoirshérétiques et émancipation du pauvre«）中，他直接使用了这个术语（S. 37）。

[4] Faure, Rancière, *La parole ouvrière*, S. 14.

[5] Ebd.

身份而进行的斗争。这个原始版本的承认斗争已经包含了"诉讼"（Rechtsstreit）作为政治的一个构成部分这一核心观念。当然，他还没有发展出"主体化"（Subjektivierung）和"份额"（Anteilen）等其他基本概念，这些概念在他阐述更正式的本体论方法框架时才出现。但朗西埃已经在以下两种承认之间作出了关键的区分：一种是被承认拥有一种现存的基于社会或文化归属的身份，另一种是被承认为具有"同等智识"的人。然而，由于他重新发现了工人们被遗忘的声音，第一种解释的可能性在他眼中恰恰变成错误的：这正是当时所有对人民起义感兴趣的人以不同版本来采取的方法。针对当时主流的对人民起义的文化主义解释的热情，朗西埃将政治理解为一个两阶段的模式，其中对某一特定社会安排的不公正性的异议意味着在事先就有一种更激进的冲突，它涉及个体作为理性存在者参与异议的能力。当时他写道："［工人］说话是为了被承认，而不是为了增大他们的数量和他们的武器的力量或者为了能够操作工具或枪支：而是为了表明工人能够说出什么是公正的和合理的，人们应该为他们提供空间……"[1]在《歧义》中，这种冲突后来被扩大和普遍化了，以至于工人和公民之间的二分被转化为更普遍的贫富对立，甚至是专家和无名知识分子之间的对立。资产阶级统治变成了治安。但是，朗西埃已经从19世纪中期的工人著作中提取了这一基本论点：处于争取解放的斗争中心的是为了争取承认这样一种能力而进行的斗争——

---

[1] Ebd., S.11.

亦即参与关于某些社会对象的冲突的能力。[1]因此，这些文献继续提供例子，这些例子至今仍是朗西埃思考每种政治行动形式的方式的出发点。顺便说一下，应该注意到，即使是《歧义》，在正式的本体论分析的表面之下，也继续在很关键的地方使用了承认逻辑。如上文所述，这应被理解为要求承认话语行为的逻辑有效性，也就是说，若某个存在者说的话能被当回事，那么这就体现了承认行为，该存在者"能够说出公正和理性的东西"，从而在共同体中占据了一个完全有效的位置，并理应在其中拥有自己的"份额"。[2]

在本书的文章中，朗西埃本人提到了霍耐特模式中与他自己的方法一致的方面。首先包括承认是社会成员向有关社会提出的社会要求。霍耐特总结到，这是一种规范要求，而朗西埃自然拒绝这种说法，因为他与战后的其他法国哲学家一样都怀疑规范性是使得压迫正常化的来源。对他而言，这只是一个社会事实：存在一些无份额的人，他们要求得到自己的份额，这正是政治的内容。朗西埃还与霍耐特一样认为，当这种期望没有得到满足时，对社会及其成员而言尤为明显，因此对正义的要求首先表现为对不公正的控诉。还存在另一个方面：那些被拒绝的人所表达的对承认的要求追溯到了社会领域，因为它使社会领域看起来像一种预先确立的承认关系，像一种特定的"感性分配"，在这个框架中，某些物体、对象或活动形式是不

---

[1] Rancière, *Das Unvernehmen*, S. 47 f.
[2] Ebd., S. 16 ff.

可见的或被贬低的，一些声音是不被听到的。[1]朗西埃也同意这样的观点：承认具有一种"操作性的""对抗性的"维度，因此必须被理解为一种"斗争"。这种对承认的看法似乎接近于"诉讼"概念，他把这个概念放在他对政治的定义的中心位置，认为它使得人们可以感知和拒绝那种对社会而言是构成性的"不公正"。最终，无论是朗西埃，还是霍耐特，都不认为这种结构性不公正是可以避免的。每一种"感性分配"，每一种承认关系都不可避免地建立在一种排除的基础上——排除某些它们拒绝将其算数或至少相对于它们而言没有同样价值的身体、声音和活动。政治恰恰是要暴露、谴责和消除这种"不公正"。

最重要的是，由于他们共同认为政治是为了承认不公正的经验和消除不公正的合法要求而进行的斗争，因此这两位理论家之间的争论就特别有意义，而且从各方面看都很有希望。在这样一种最低限度的共识的基础上，他们共有的问题也随之暴露出来。我们想择取其中两个特别有趣的问题，因为它们所涉问题触及了当代批判理论的核心。第一个问题涉及理论工作和批判工作与社会经验之间的关系。对于所有具有批判和实践愿望的哲学传统都拥有的这一核心问题，两位思想家提供了一种新的方法，出乎所有人意料地再次将它们联系起来。第二个问题涉及他们各自与历史性的关系，这很可能被证明为他们提出的模式的弱点。

---

[1] 参见本书第 59—71 页。

八、社会经验解释学和现象学

正如我们刚刚看到的，在第一种从工人斗争档案中获得的对待政治的方式中，朗西埃将异议（Dissens）与拒绝无产阶级身份联系起来，即使他已经把它解释为某种非实质性的东西。为了避免对构成政治的异议所涉及的问题产生任何形式的误解，成熟时期的朗西埃，对身份概念进行了完全否定的表达。因此，他将身份与上述主体化过程中产生的一种"主体"的形式概念进行了对比。身份总是冒着预设一种对其进行内容填充的社会或文化根基的风险，并由此转向"治安"一方。而通过这种主体概念，个人将自己置于这样一个位置上——在那些现存社会秩序对所有重要的东西视而不见的地方要求获得承认。这种主体性的形式特征和纯粹的结构性起源让人想起年轻的朗西埃在其为《读〈资本论〉》所作的贡献中提出的"载体"（Trägers）概念，即在结构的交汇处出现的经验和感觉世界中的那个点，它对于一种生产方式而言是决定性的，并且个人可以根据他们在其中的位置占据这个点。[1] 在与霍耐特的争论中，朗西埃恢复了他对身份概念的批判，并且正是以承认概念的名义来进行这种批判。应该强调的是，他确实注意到不能将霍耐特的身份概念归结为一种已经形成的种族、社会或文化身份的含义，这是他在关于多元文化的争论中所持有的观

---

[1] Jacques Rancière, »Der Begriff der Kritik und die Kritik der politischen Ökonomie von den *Manuskripten* von 1844 bis zum *Kapital*«, in: Althusser u. a., *Das Kapital lesen*, S. 105—207, hier S. 166 f.

点，就像许多针对霍耐特的批评中经常出现的那样。另外，这也展现了两位思想家之间的另一个密切关联，即这样一种想法：政治斗争有一种述行性维度（performative Dimension），使主体能够改变自己，并且在某种意义上，在政治过程中自己觉醒。

尽管朗西埃强调了霍耐特的身份概念的灵活性和动态方面，但这仍然成了他们讨论中最成问题的一点。他对他的同行提出的批评是在承认问题内部产生的。在朗西埃看来，如果一种真正的承认政治建立在个人身份的规范之上，那么就与个人身份的内在逻辑不一致。在真正的意义上，承认只有在拒绝现存秩序的情况下才具有操作性，因为政治"原本就塑造了一个共同的世界"[1]。然而，如果稳定的身份是事先确定的，就像在多元文化主义的版本中那样，或被假设为承认的目标，就像在霍耐特那里一样，那么这样的效果便与承认稳定身份的尝试无关。然而，如果我们仔细探究霍耐特和朗西埃的身份和主体性概念的背后隐藏着什么，实际上我们便会发现有趣的重叠之处。

一种"批判理论"的计划通常需要使用一个足够清晰明确的主体概念。也就是说，这样的概念通常在其中起着核心的构造作用，因为它将所涉及的几个层面相互连接起来：社会病理学经验诊断层面，其中一些与个人病理学有关；社会理论层面，因为提到社会病理学便暗含了社会对主体的影响这一观

---

[1] 参见朗西埃在本书中的文章，特别是第 67 页。

念，这一点必须在概念中来把握；政治理论层面，批判计划由于其实践维度而对政治行动和社会运动分析特别感兴趣。[1]

然而，朗西埃并没有遵循这一模式，也没有试图通过一个完善的主体概念来连接他的思考的不同层面。这无疑是由于其思想的反现象学取向所致，在这本书中他重新提醒了我们这一点。在其《无产者之夜》之后的著作中，主体的概念只是为了更详细地描述在政治行动中发挥作用的那种行动力量。主体性的所有其他方面，特别是它的心理维度和社会根源，都有可能模糊本体论的界限，这将"治安"考虑与真正意义上的政治考虑分开。另一方面，霍耐特的理论模型代表了一个将不同层次的分析联系起来的优秀范例，它植根于一种实质性的主体性或身份概念。不过，除了在如何实现他们各自的批判理论计划方面的这一主要差异之外，他们在一个特别富于启发性的观点上达成了一致，这正是关于个人经验的问题。亦即，人们可以指出，他们两位都赋予了社会经验一种核心的认识论价值，并将各自的模式建立在一种可称为"社会生活解释学"的基础上，即便他们的观点在其他地方——相对而言，可称为"社会生活现象学"——存在分歧。[2]

---

[1] 致力于当代批判理论的著作的一个很好的例子是：Amy Allen, *The Politics of Ourselves*, New York 2008。它阐明了一种主体理论对这种批判理论计划在结构上的核心作用。

[2] 因此，我们所说的"解释学"与 M. 门克（Christoph Menke）在他对霍耐特和朗西埃在法兰克福进行的讨论的贡献中所阐明的内容不同（见本书第 88—110 页）。我们不是指政治斗争本身的任何方面，而是指霍耐特和朗西埃的方法的各个方面。

　　就霍耐特而言，在这个问题以及其他许多问题上，人们应该区分他的工作的不同阶段。在他直到世纪之交的早期著作中，霍耐特把他的批判理论模式建立在德国所谓的"哲学人类学"之上，也就是说，建立在一种特别实质性的人的概念之上，这使得我们有可能在这个基础上，在处理社会和政治问题的框架内，将描述性（分析社会病理学、物化、异化等）和规范性（对不公正的定义）结合起来。这种方法论是康德和黑格尔思想的特点，也是受他们影响的传统——从费尔巴哈和马克思到法兰克福学派的第一代，甚至到哈贝马斯——的特点。[1]为了回应对《为承认而斗争》中提出的模式的批评，霍耐特进一步发展了他对身份的看法。《自由的权利》可以被看作是这一发展的终点：在这本书中，霍耐特放弃了他在哲学人类学中的正义理论的基础。同时，他不再将个人自主性视为一个成功的本体论过程的最终点，而是将其视为现代性的核心规范，它在人类社会历史进程中逐步建立的一系列制度结构中得到具体体现。承认仍然是指一种将主体相互连接并使其融入社会生活的相互期望的结构，但现在是以社会本体论的方式而不再以心理学或人类学的方式进行论证。其中心思想是，个体的人的需求结构本身使得承认是不可或缺的。一些基本的期望或需求只有当个体属于一个社会领域时才能得到满足，在这个社会领域

---

[1] 在他的文章《社会病理学：社会哲学的传统和现实性》中，霍耐特明确地加入了这个传统。»Pathologien des Sozialen. Zur Tradition und Aktualität der Sozialphilosophie«（in：Axel Honneth（Hg.），*Pathologien des Sozialen. Die Aufgaben der Sozialphilosophie*，Frankfurt/M. 1994，S. 9—70）

中其他个体也采取同样的态度，并且是相互的。因此，要想有真正的友谊，要想让一个家庭的成员能够生活在一起，或者要想劳动力市场或商品市场发挥作用，每个个体都必须参与相应的社会游戏，采取规范的行为方式和社会角色模式，使这种形式的社会行动成为可能，而这本身又是实现个体目标的条件。除了这些相互的规范态度外，每个人首先必须被大家承认为可以合法参与相关互动的群体成员。

对于这种具有先验形式的分析，霍耐特增加了一种历史维度。如果人们像黑格尔那样解释现代制度，也就是说，如果人们试图在它们各种各样的经验表现形式之外发掘出理性的内核，那么这些制度恰恰是这样一些制度，为了通过实现各种各样的个人期望和需求而使得个人自由成为可能，它们需要随着时间的推移而变化。因此，承认继续发挥着自主性条件的作用，所以它仍然是霍耐特模式的规范基础，但它已经失去了本体论含义，或者更简单地说，失去了它的心理学含义。相反，霍耐特强调，各种承认形式在规则中找到了表达方式，这些规则往往是在法律上明确规定的和正式的，并形成了各种现代社会领域的基础，如家庭、经济世界甚至公共空间。

与之前的版本相比，这种方法上的转变有一个重要后果：在这些不同的规则中表达的、在各种法律制度中正式化的道德期望现在形成了一种个体的心理经验和社会结构之间的制度过滤器。因此，为了承认而进行的斗争必须被解释为涉及制度化的道德基础和法律基础的要求，而不再是位于社会层面的、直接植根于特定社会群体个体成员的真实经验的心理期望和身体期望的表达形式。现在，承认成了一个黑格尔意义上的"伦理"概念。尽管自主性需求这一基本假设仍然构成了理论的最外层基础，但仅仅是这种需求已经不足以进一步确定现代解放斗争的内容。它的内容现在来自这样一些方式，亦即现代社会把与各种个人目标的实现相联系的规范和价值正式化的方式。

然而，在霍耐特著作的不同阶段，仍存在着一种基本的连续性。它涉及赋予个体的社会和历史经验的认识论价值。无论是像在霍耐特著作的早期阶段中那样在人类学上定义承认，还是像在他的新模式中那样根据现代制度来定义承认，现代主体的社会经验都保留了一种不可替代的认知价值。作为从主体自身的立场出发而表达出来的和概念化的规范性期待，当从一个足够全面的角度（涵盖全部人口或在一段足够长的时间）来看时，主体的期待构成了参考点，必须从这个参考点重建基本规范，按照霍耐特的看法，这些基本规范构成了社会生活的最低基础。根据他关于社会生活的反功利主义观点，这些规范使得无数个体行动不仅能在功能上得到协调，而且更根本的还在于伦理方面的考量，这种考量总是存在争议，但最终是决定性的。然而，这些在个人行动和话语中呈现出来的、构成社会生活轮廓的规范，正是社会理论和社会本体论必须关注的重构对象。这也以否定的方式而与不公正经验息息相关，这些经验是争取承认的斗争的起源，或者也是政治斗争的中心，在新模式中，这些斗争源于制度的功能紊乱。正是参照这些规范，可以对社会进行病理学诊断。因此，对于理论的不同层面而言，基本指南或参考点是由社会生活的主观经验提供的。因此，可以说霍耐特的批判理论包含了一种独立的"解释学"要素，可称之为"社会生活解释学"（Hermeneutik des sozialen Lebens）：这并非"解释学"的经典意义（根据伽达默尔的说法，经典"解释学"应是关于对既定的文化传统的重构），而是在这样的意义上的"解释学"：在公共空间中存在着未被关注的拒绝，甚至社会不和谐的迹象，人们在这些地方寻求一种规范性期待。一旦某些群体和阶级遭到拒绝，这种期待就会变得更强，并因此在结构上变得愈加重要。[1]

这一解释学要素具有基本的方法论后果：批判理论最重要的任务之一是在内容上公正地对待社会经验及其历史变革。它必须提供一种适当的概念语法，使具有历史意义的社会生活表达形式的规范性内容能够被掌握，而不至于被扭曲。然而，这种含义有两种不同的表达方式：首先，是一种同步视角的社会生活解释学，这导致了一种社会本体论，其参考材料来自经验性的社会学和历史学。[2]社会生活解释学的另一种形式遵循非同步视角，因为历史转变会影响主观经验，个人和群体在表达他们的道德期望和政治期望时，会参考历史经验——包括它们的进步和倒退。

---

[1] 因此，这种"解释学"必须与伽达默尔和海德格尔留下的解释学区别开来，哈贝马斯在其社会理论的框架中拒绝了他们的方法论。

[2] 如果仅限于霍耐特的主要著作的话，请参见《为承认而斗争》第六章，在其中，霍耐特在"蔑视"和这个概念在承认理论中的核心作用之间建立了实质性的联系。或者参见《自由的权利》A部分第三章。

在霍耐特最终的著作中，通过转换为"制度"意义上的承认，经验和批判之间的联系被部分切断。换言之，如果人们对它的理解只是关于社会的个人经验的全部内容的话，那么与解释学相比，它就与一种所谓的"社会生活现象学"（Phänomenologie des sozialen Lebens）大相径庭。[1]在以前的模式中，承认概念不但在一种规范意义上，也在一种现象学意义上被使用，换句话说，它既是作为一种道德—政治原则，为社会斗争进行辩护，同时也是作为一种可理解的中介，使得不公正的经验内容以及以其名义提出的要求能够形式化。恰恰是这种模糊性，使得从社会经验的否定形式转向理论上完善的概念语法成为可能。这种方法论构造的优点在于，它使得批判理论能够将社会组织造成的所有身心伤害都包含在内。因此，它所包含的不仅仅是解释学维度，而且还可以努力使自己成为理论领域中一种社会苦难现象学的代表。[2]

无论如何，这是年轻的霍耐特公开宣称的目标之一，他希望这能让他与哈贝马斯保持一种批判的距离：语言学转向导

[1] 应该想起，这三个承认领域最初是基于一种现象学创建的类型学（在《为承认而斗争》中，霍耐特谈到一种"承认形式的现象学"，参见：*Kampf um Anerkennung*，S.112）。当霍耐特采用 C. 朱恩（Christopher Zurn）关于承认病理学作为"二阶"病理学的重要分析时，这种转变尤为明显。参见：Christopher Zurn，»Social Pathologies as Second-Order Pathologies«，in：Danielle Petherbridge（Hg.），*Axel Honneth. Critical Essays*，Leiden 2011，S. 345—370。

[2] 参见：Renault，*L'expérience de l'injustice*，und ders.，*Souffrances sociales. Sociologie, psychologie, politique*，Paris 2008，sowieders.，»A Critical Theory of Social Suffering«，in：*Critical Horizons* 11，2（2010），S.221—241。也参见：Lois McNay，*The Misguided Search for the Political*，London 2014，S. 28—65。

致交往行动理论将不同表达方式的可接受性规则置于首位，这往往会使所有不遵守这些规则的社会表达形式变得不合法，并在不平等的经验和要求之间设置了障碍，从而有利于社会统治形式的再生产。[1] 转向对承认概念的制度性理解，会面临重蹈这种覆辙的巨大风险。由于这种进一步的发展，理论的解释学任务和现象学任务的交叠不再能够得到保证。现在，承认的不公正和病理学被理解为对那种构成社会生活规范框架的基本伦理义务的违反。但社会经验和规范要求之间不再具有直接的关联。

就社会经验和政治要求之间的联系而言，霍耐特的立场更接近朗西埃的立场，因为像后者一样，霍耐特当时拒绝任何试图将其固定在深刻的个体经验中的政治方法，换言之，大致类似于一种社会和政治问题的"现象学"方法。与此相反，他保留了理论的"解释学"方向。两位思想家都涉及了这一维度，即这两位的理论工作部分在于，为个体和群体实际表达出的期望提供一种概念形式——在霍耐特那里，是以被理解为基本规范的个人自主的具体方面的名义，在朗西埃那里，是以作为必要前提的平等的名义。对两位思想家而言，理论工作的一个基本方面是公正地对待个人和群体在训诂学、解释学意义上的实际要求，也就是说，在不歪曲它们的情况下重新表达它们，甚至使这些表达方式成为理论发展的指南。在他们看来，这种工

[1] 特别参见：Axel Honneth, »Die soziale Dynamik von Mißachtung. Zur Ortsbestimmung einer kritischen Gesellschaftstheorie«, in: ders., *Das Andere der Gerechtigkeit*, S. 88—109。

作必须首先从历史角度进行，揭示过去所表达的斗争和要求的遗产，以及它们在当下可能产生的共鸣。

对朗西埃而言，被压迫者的话语和解放理论之间的这种直接联系，甚至是第一种话语形式在政治和认识上优先于第二种话语这种想法，是绝对的核心观点。这是他从自己的激进主义时期的经验中以及从他与阿尔都塞主义的接触中学习到的主要教训——此后，他在自己的全部作品中，包括在他最近关于美学的文章中，对这一教训进行了不断的探索、论证和详细描述。朗西埃在《阿尔都塞的教训》中试图对阿尔都塞主义的理论姿态进行解构，并随后在哲学经典（柏拉图）、马克思以及社会学家（特别是布尔迪厄）那里以各种形式对这一理论姿态进行了追溯，这种理论姿态将社会主体描述为本质上"神秘化"的存在[1]，而没有注意到他们的经验和他们的言说在多大程度上是由外部事例塑造的。这种社会主体与自身的疏离，往往使他们的身份变成了社会结构性力量的单纯产物，其机制和效果只有那些精通于此的"理论家"才能洞察。这种主体性概念将理论工作视为"去神秘化"或反解释学，特别是当理论被认为有助于解放的时候。在朗西埃看来，这种关于理论、经验和实践之间关系的观点的问题在于，它相当于一种精英主义的政治概念，因为它维持了有知者和无知者之间的区别，所以再

---

[1] 参见：Jacques Rancière：» [I] m Mystifiziert-Sein [besteht] der wesentliche Inhalt der Funktion des Subjekts«, in：ders., Der Begriff der Kritik und die Kritik der politischen Ökonomie von den *Manuskripten* von 1844 bis zum *Kapital*«；*Das Kapital lesen*, S. 167。

生产了统治的主要来源之一，而它自己设定的目标恰恰是要消除这种来源。

很明显，这种反现象学的（在这里使用的术语的特定意义上）、解释学的方法论定位在两位思想家这里相当薄弱。正如我们在谈到霍耐特时已经强调的那样，这样的定位切断了经验和批判理论之间的联系，尽管承认理论的最初动机正是为了恢复这种联系。至于朗西埃，人们可能会对这样一种立场表示怀疑，这种立场声称要把个人所表达的要求与产生这些要求的经验分开，理论应该抓住这些要求并使之成为实践甚至是认识论的指导方针。政治要求总是来自社会经验的具体方面（在自己的家庭中、在工作场所中的支配，对特定的权利的忽视，等等）。由于它们应该来自行动者自己，因此它们不可避免地扎根于他们的具体经验。独特的是，朗西埃用"说话的身体"这个模棱两可的术语来指称处于此种情形中的有关个体：在这些情形中，所涉及的正是承认要求的内容。而这个术语在同一时刻既揭示了，又隐藏了这些人的身体性。[1]

然而，尽管朗西埃对那些过于强调个人是由"血肉之躯"构成的理论表示不屑，但近几十年来，即在他的主要政治著作出版之后，在整个心理动力学深度中体验到的个人经验方面，朗西埃的立场变得更加复杂。甚至可以说，他和霍耐特的发展方向是相反的。如前所述，在霍耐特那里，从一种"现象学"

[1] Rancière, *Das Unvernehmen*, S. 20, 32 und 67.

和人类学的承认概念转向了一种历史的和制度的承认概念，这就等于远离了社会经验的心理、情感和身体维度。在此书中，这一点在霍耐特表示同意朗西埃的观点时尤其明显，即苦难经历本身并不足以作为有效的政治要求。[1] 如果我们更仔细地看一下朗西埃思想在他致力于劳工运动的历史学工作和他关于现代美学史的著作之间的发展，就会发现他不仅已经逐渐将前话语的、情感的，甚至身体维度的重要性重新纳入美学，也纳入政治实践，虽然这一点没有明确指出来。在他的美学著作中，在许多地方个体又具有了一种有机的构成。甚至在他理论工作的中心，"身体"也再次出现。这在《美感论》(Aisthesis)一书中尤其令人惊讶，在该书中，朗西埃将他二十多年来一直在阐释的美学框架的应用扩展到表演艺术以及处于伟大的经典形式边缘的艺术。[2] 如果不出意外的话，这本书可以被解读为现代感知体制（Wahrnehmungsregime）下得以形成的身体形式的一种不够全面的类型学：从支离破碎的身体到机械、被动的身体。正如朗西埃的一贯做法，这种类型学既是审美的，也是政治的。由"审美"的感知体制所促成的身体形式的类型学提供了关于"对共同世界进行重塑"的实际可能性的直接信息，对他而言，这些重塑是为承认而进行斗争的同义词。

---

[1] 参见：S.80f. im vorliegenden Band。也参见明确的分析：Axel Honneth, »Arbeit und Anerkennung. Versuch einer theoretischen Neubestimmung, in: ders., *Das Ich im Wir. Studien zur Anerkennungstheorie*, Berlin 2010, S. 78—102。

[2] Jacques Rancière, *Aisthesis. Vierzehn Szenen. Aus dem Französischen von Richard Steurer-Boulard*, Wien 2013 [2011].

对朗西埃来说，政治包括谴责占支配地位的"美感"，即感知社会意义的霸权方式，并在这种感知基础上进行"感性分配"。反过来，有必要提出并开展一种替代性的、平等主义的美感。然而，存在不同的拒绝占支配地位的美感的方式。在《歧义》中，这种拒绝是话语性的，诉诸每个人共享的逻各斯，反对将人民驱逐出舞台。但在后来的美学著作中，重点转移了，对占支配地位的感性分配的拒绝形式变得更加多样化了。在《美感论》中，朗西埃不仅强调了身体活动的新形式，而且还强调了"艺术的审美体制"所带来的新的情感形式的可见性和社会效果，在更深的层面上，它同时也展现了一种新的感知体制，甚至是一种新的存在秩序。正如朗西埃在构成该书的所有研究中明确表明的那样，这些新的行动、感觉和存在形式在政治上是直接相关的。它们全都显示了拒绝这样一些经验形式的可能性，在这些经验形式中，资产阶级统治有了具体的形态。通过它们针对既定的感性经验框架所具有的爆炸性力量，小丑的无政府主义身体、于连·索雷尔（Julien Sorels）的被动身体和查理·卓别林（Charlie Chaplin）的机械身体都被赋予了革命性。[1]

即使对这些身体的提及既非心理学的也非人类学的，但它并不会使得朗西埃不信任身体和情感经验，而他从早期的结构主义阶段起就从未真正远离这种不信任。他的美学著作中充斥着许多身体，它们摆脱既定的感性分配，它们的反叛潜能就存在于其中。在反叛主体本身的身体中，在他们的活动中，但如

---

[1] Ebd., S. 67—84 in Bezug auf Julien Sorel und S. 243—260 auf Chaplin.

果有必要的话，在他们的被动性中，它们在事实上体现了无政府主义原则，在朗西埃眼中，这个原则定义了真正意义上的政治，即对身体、对象和活动的"治安"分配的任意性和压制性的揭露。而这些身体模式同时揭示了一种居住在一个世界中的替代性、创造性和平等主义的方式，在这种情形中，这个世界被理解为一个共同的世界。

因此，朗西埃和霍耐特都在经验和理论之间建立了紧密的联系，即使他们的模式并不是没有张力的，而且经验到底应该意味着什么也是可以改变的。这样一种与经验的复杂关系表明了相当显著的历史维度。对这两位理论家而言，政治可以被思考的原则首先在社会斗争的历史中得到体现。除了其他事项外，社会生活解释学还是一种历史解释学。然而，正如我们将看到的那样，这两位哲学家不仅在这一点上追求类似的方法，而且还共享这些方法中固有的一些困难。

九、历史性问题

朗西埃和霍耐特都提出了可以被定义为"历史主义"的方法论。从 20 世纪 70 年代到最近的著作中，朗西埃一直在进行一项考察政治革新和审美革新的所有丰富性与内在矛盾的复杂性来源的计划，而这些革新是由现代的普遍平等原则带来的。具体而言，这已经反映在了对 19 世纪和 20 世纪的一系列激进的和创造性事件的研究中。这样的计划具有一种历史主义预设，这一点是毋庸置疑的：在这里，一个特定的时代所开辟的具体可能性得到了研究，在最严格的时间意义上，它通常被称为现代。而这些创新是通过形成期望而实现的，这些期望本身是基于一种原则，即普遍平等原则。并且，这些期望完全是这个时代所特有的。同样，对霍耐特而言，被理解为可理解的中介原则的承认这一主题——这一中介原则可以对社会生活和政治进程进行分析——与一种历史性的创新密切相关，这种创新是在严格意义上定义的现代性的特征。就像在朗西埃那里一样，这一历史性的创新归因于现在所有个体都能要求获得他们在社会上应得的东西。霍耐特将这种权利解释为允许每个人充分自我实现的东西，即在所有维度实现他们个人的自主性。朗西埃更倾向于保持激进的普遍性的纯粹预设；他并不试图将个体要求和集体要求的对象与个体内在的任何内容联系起来。但两者都有一种类似的历史性预设：认为后革命的西方社会通过其普遍主义而与其他时代区分开来。

不过，即使这种历史主义的方法在今天的知识背景下似乎是不言自明的，但对于那些以伴随解放斗争为己任的理论计划而言，它仍然是有问题的。因为这种方法妨碍了批判理论与"前现代"社会运动建立联系，甚至妨碍了与其中那些表面上可能与现代变体表达同样主张的运动建立联系。此外，应该指出的是，在众多追求"批判"意图的作者那里，只要过去的政治运动与现代运动之间存在着明确无误的连续性，历史主义的方法论要求就常常被搁置一旁。对于那些与马克思主义保持联系——哪怕是遥远的联系——的作者而言，这个问题甚至更加尖锐。因为尽管马克思和恩格斯自己就是激进的历史主义者，而且甚至可以说他们确立了当代社会科学从历史主义预设出发的必要性，无论是在严格的理论方面还是在理论的实践目标方面[1]，都可以在他们那里找到许多连续性的观点。在理论上，除了个别生产方式的特殊性之外，所有人类社会都有一定数量的基本结构因素的特征，这些因素导致了对劳动力的有组织的支配和剥削。[2] 在实践中，往往可以把过去的解放斗争与未来的革命联系起来。[3] 因此，在《德国农民战争》中，恩格斯进行了直接的比较，毫不掩饰地跨越了几个世纪，指出了 1525 年的农民革命和 1848 年失败的革命之间存在着的所有社会的和政治的相似性。今天，阿兰·巴迪欧延续了这样一种革命政治的观点，他认为，就真正打破不平等的真正政治而言，"历史并不存在"[4]，并从这一论断中提出了"历史之名"（historischen Namen）的理论，在此背景下，发生了为争取真正的平等而进行的跨历史的斗争；这份名单包括斯巴达克斯、托马斯·闵采尔（Thomas Müntzer）、罗伯斯庇尔（Robespierre）、乡巴佬雅克（Jacquou le Croquant）、杜桑·卢维杜尔（Toussaint-Louverture）、列宁（Lenin）和毛

[1] Karl Marx, *Der Bürgerkrieg in Frankreich* [1871], Berlin³ 1980.

[2] Karl Marx, Friedrich Engels, *Das Manifest der kommunistischen Partei* [1848], Stuttgart 2014.

[3] 见 1868 年 3 月 25 日致恩格斯的信，在其中马克思为历史比较方法辩护，该方法包括"在最古老的事物中寻找最新的东西"，参见：Karl Marx, Friedrich Engels, *Ausgewählte Briefe*, Berlin 1953, S. 233。

[4] Alain Badiou, *Die kommunistische Hypothese*. Aus dem Französischen von Frank Ruda und Jan Völker, Berlin 2011 [2009], S. 161.

泽东，等等。[1]

朗西埃——在一些著作中他似乎接近巴迪欧的修辞，但在其他地方却遵循一种明显不连续的方法，正如我们刚才所想到的那样——如何解决历史主义和连续主义之间的这种紧张关系？通过这种张力，他作品中的政治层面和审美层面似乎相互冲突。从政治史的角度来看，许多迹象表明，虽然他的明确目标可能是其现代理解中的民主原则，但他并不反对一些基本结构因素具有超历史的有效性这一想法，并且作为一个间接的结果，也不反对贯穿历史的关于平等斗争的记忆这一想法。在这一点上，他的立场似乎与巴迪欧的立场相似。因此，他无明显距离地采用了巴朗什的说法，将出现在资产阶级法官面前的无产者与在第一次**平民撤离运动**（*secessio plebis*）期间撤退到阿文丁山的罗马平民作比较。[2] 除此之外，朗西埃甚至还从这个例子中得出了他著名的政治本体论，即政治是人民的异议舞台。[3] 在其他地方，朗西埃似乎支持这样的观点：无产者的斗争就像聚光灯一样，照亮了统治的黑暗历史，并因此作为"平等的铭文"（Einschreibungen von Gleichheit）为未来几个世纪提供了范例。这种铭文在几个方面具有历史价值。当

[1] 特别参见：《共产主义假设》（*Die kommunistische Hypothese*），在其中，对平等斗争的历史谱系学的运用最为一致，并且巴迪欧强调了"专有名词"的重要性，特别是第 166—168 页。

[2] Rancière, *Das Unvernehmen*, S. 34 ff.

[3] 巴迪欧甚至直接提到朗西埃，与朗西埃对无名革命英雄[人们可以说，是历史上的高尼们（Gaunys）]的关注相比，巴迪欧强调体现了革命事件的"专有名词"。

然，这类事件是历史上的例子，但它们也提供了具体的话语模式和论证方式，在后来以平等之名而进行的斗争中，可以将其铭记于心。[1] 而且正如已经说过的那样，在许多地方，朗西埃似乎引用了马克思和恩格斯在《共产党宣言》开头的名言，而在这里，朗西埃则通过雅克托的"［社会］重力法则"的隐喻和每个人类社会中不可避免的等级制度的存在来延续同样的想法。[2] 就像以平等的名义打断治安逻辑一样，"治安"似乎是每个人类社会——至少是那些区分了富人和穷人、自由个体和不自由个体的社会——的结构性因素。霍耐特在多次询问朗西埃其论点的人类学基础时提到了这一点。在霍耐特看来，只有参照这样的基础，朗西埃才能将政治形式化，而使其跨越几个世纪。

这种超历史的论点并不一定与对 19 世纪的斗争和创新的主题关注相矛盾。人们可以说，现代平等原则的普遍地位是普遍化动力的基本结果，它只是将一种要求变成在历史进程中已经发生过几次的现实。朗西埃的问题是，这样的解决方案对他的美学著作不再有效。在这些著作中，历史主义明确地代表了各个时代之间的历史切割，这样它们就成了不可通约的。"审美体制"的运作方式与其他艺术体制、伦理体制和代议制有着本质的区别。即使人们可以认为这些艺术体

---

[1] Rancière, *An den Rändern des Politischen*, S. 54；ders., *Die Namen der Geschichte. Versuch einer Poetik des Wissens.* Aus dem Französischen von Eva Moldenhauer, Frankfurt/M. 1994 [1992], S. 136 f.
[2] Rancière, *Der unwissende Lehrmeister*, S. 91—99.

制、伦理体制和代议制在当下仍然在起作用——例如，在这样的反复尝试中：通过诉诸"寓言"（即讲得好的故事）和现实主义的**模仿**这种老方子来消解审美体制的激进性——但情况并非如此：在 18 世纪末的革命之前，性别、对象和人在言论自由方面的激进平等是无法想象的。但是，如果政治理论满足于连续主义的预设，人们又怎么能在美学中采取严格的历史主义立场呢？这给朗西埃带来了更大的困难，因为他的思想的这两条线索在本质上是相互交织的。如果我们考虑到他在"文学性"（Literarizität）主题中宣告自己转向美学问题，那么这种困难就尤其得到了证实。这代表了现代艺术体制所提供的一种新的可能性——这样一种观念：所有的男男女女都可以表达"文字"，创造"文字的意义"，而且这也是《歧义》一书中定义的政治的核心内容。[1] 一个理论模型如何可能有空间容纳两种相互矛盾的思考方式来看待同一个中心概念呢？

霍耐特必须解释类似的问题。当然，他的明确立场是严格的历史主义。正如在《为承认而斗争》中提出的那样，只有支撑旧制度社会的等级差别在哲学批判的冲击之下崩溃以后，承认的三个领域才能历史性地登场。[2] 在霍耐特提出的历史重建中，构成现代社会规范基础的自由、平等和博爱在过去是不存在的。他在与朗西埃的对话中非常强调地肯定了这一

---

[1] Rancière, *Das Unvernehmen*, S. 48：»Das moderne politische Lebewesen ist zuerst ein literarisches Lebewesen.«

[2] Honneth, *Kampf um Anerkennung*, S. 196—210, besonders S. 201 f.

论点。[1] 在《自由的权利》所发展的新范式中，虽然承认领域在更丰富、更多层次的历史重建中找到了自己的位置，但参照的语境仍然在相当狭窄的历史意义上局限于现代性观念，批判理论仍然不必处理这条历史脉络以外的情形。它仍然是一种现代社会的批判理论，并且为了进行这种批判工作，它只对现代规范负责，而这些规范从表面上看是在现代革命时期首次出现的。霍耐特与朗西埃的共同之处在于，两人都坚持当代社会哲学和政治哲学中广泛认同的基本假设。不过应注意到，在其他学科中，历史脉络并没有十分清晰。[2]

然而，霍耐特面对着一个类似的问题。因此，在《为承认而斗争》之前不久出版的一篇文章中，为了把当下的历史看作对过去的斗争和痛苦的解放潜能的承认，他将瓦尔特·本雅明的历史哲学描述为一种有益的模式。[3] 也可以这样解读《为承认而斗争》的第八章──在其中霍耐特阐述了承认理论对解释社会斗争的影响：它不再只适用于"后传统社会"。这样一来，例如 16 世纪的农民战争，也可以用承认理论来理解。自《自由的权利》以来，霍耐特的历史主义的另一面变得更加突出，这与他对现代断裂的目的论解读有关，根据这种解读，现

---

[1] 参见本书第 83 页。

[2] 比如参见：Jack Goody，*The Theft of History*，Cambridge 2006。

[3] Axel Honneth，»Kommunikative Erschließung der Vergangenheit. Zum Zusammenhang von Anthropologie und Geschichtsphilosophie bei Walter Benjamin«，in：ders.，*Die zerrissene Welt des Sozialen*，S.93—113. Siehe Alison Ross，*Walter Benjamin's Concept of the Image*，New York 2014，4. Kap.

代革命带来的普遍主义据说在过去两个世纪中逐渐形成了具体的形式。这样的现代性观点似乎没有为"规范的进步"的反面——伴随着现代性的可怕倒退——留出足够的空间。就像批判理论把自己与过去的事件隔离开来而有所丧失一样，从这个角度来看，霍耐特的历史主义显然也是有问题的，尽管他在这一点上似乎比朗西埃更具说服力。

　　我们在这里提出了几个问题，涉及社会和政治、经验问题和历史性方法，他们二人之间的紧张关系就一目了然。正如在霍耐特和朗西埃的这两种方法中都以一种特定的方式为社会启蒙作出了贡献一样，两者间的对话也使得我们能够更全面地分析和澄清我们社会的进一步发展向理论提出的挑战。这仅仅是下一步研究的起点，对这种德国视角和法国视角进行比较应该有助于阐明这一点。

第一部分　批判的相遇

第一章　承认理论的批判问题

雅克·朗西埃

在我们讨论的一开始，回顾一下《歧义》(*Mésentente*)一书前言中的一句话或许十分重要：如果讨论想取得任何成果，那么讨论之前必须确定我们之间"歧义"的点。[1]因此，我将尝试确定承认和歧义之间的那种歧义，这样才能让讨论取得成果。由于我们是在讨论翻译中的概念，这个问题变得更加复杂。英语的"不同意"[2](disagreement)成了法文不可翻译的术语 mésentente 的翻译，它在两个法语词"听到"(entendre)和"理解"(entendre)之间形成的链接。法语词"sens"[3]的两种含义(sens 作为意义，和 sens 作为感觉)之

---

[1] 参见：[法]雅克·朗西埃，《歧义》，刘纪蕙等译，西北大学出版社 2015年版，第 6 页。

[2] 这场讨论发生在法兰克福学派的社会研究所里，朗西埃和霍耐特的原始对话语言就是英语，所以在讨论之前，朗西埃强调了英语中"disagreement"与他在法语中表达"歧义"(mésentente)之间的关联。——中译注

[3] 朗西埃这里之所以强调的法文词"sens"，是因为法文的"歧义"mésentente，带有 sens 的词根，字面上，"歧义"可以理解为"错误的听到或错误的理解"，有趣的是，歧义的英语 disagreement 和德语的 Unvernehmen 都没有 sens 的词根，纯粹从英文和德文来理解，或许很难理解朗西埃在说什么。——中译注

间的关系，在"歧义"一词中往往被抹去，它不那么像美学词语，而更像法学词语，它预设了对于一个歧义的对象，业已存在的两个人之间已经具有了某种关系。我怀疑"承认"这个词也可能强调业已存在的实体之间的关系。因此，我们同意我们的歧义的共同目的在于将由三种语言——德语、法语和英语之间的关系来调解。我认为我们不能将其视为偶然。我们必须看到，在任何交流过程中，都会存在着一定的扭曲。一个交流的行为已经是一个翻译的行为，而我们对这个交流的地形并不熟悉。这也是"歧义"概念中所包含的内容：任何彼此间的对话的本质是扭曲，这也是对话所依赖的普遍形式的本质。

指出这一点十分重要，这可以让我们避开德法哲学讨论中经常问到的一个问题，即"相对主义"问题。在德国，经常有人担心，如果你认为关系遭到扭曲，以及立场的不太相称，那么你就会采取"相对主义"的立场，这样就会让所有的普遍有效的主张失效。对我来说，我认为事实上正好相反。若太关注这种扭曲和不相称，会导致一种更复杂的普遍主义形式——一种不局限于游戏规则的普遍主义形式，这种普遍主义形式会导致一场永恒的斗争，用以扩大在一定范围内作为游戏规则的普遍主义的形式，创造出一种普遍程序，会冲击现有的普遍性并克服其局限。

现在我要说的是：承认和争取承认的斗争如何与这种普遍性的观念相适应？霍耐特所使用的承认的概念，与通常意义上的承认概念不太一样。"承认"通常意味着两件事。首先，它意味着实际感知与我们已经拥有的认知的重合，就像我们认识

到一个地方、一个人、一种情况或一个观点。第二，从道德的
角度来看，承认意味着我们对其他个体的要求作出回应，这些
个体要求我们把他们当作自主的实体或平等的人。这两种含义
都是以实质性的身份概念为前提的。在这个意义上，关键是承
认的"再"[1]（re-）。承认是一种再认识（reconnaissance）的
行为。相比之下，承认的哲学概念侧重于这种再认识背后的
条件；它侧重于识别不同事物、人、情况和观点的领域的构
成。它不是对业已存在的东西的肯定，而是构建出一个共同的
世界，让各种存在物在这个世界中出现并得到确证。在这种情
况下，承认至关重要。它是让我们能够认识、定位和识别任何
事物的前提条件。因此，在通常意义上，承认意味着：识别这
个声音，我理解它告诉我的东西，我同意他或她的陈述。但在
其概念意义上，承认是一些更基本的东西：在我的知觉世界
里，我对那张嘴里发出声音的理解能力，究竟发生了什么？我
怎么会听到这个声音是关于我们共同的东西，关于一个共同世
界的论证？当亚里士多德区分逻各斯和声音时，这就是一种承
认的结构，或者用我的话来说，是一种感性分配（partage du
sensible）。这个结构开辟了一个领域，这个领域既是一个认同
（Identifizierungen）的领域，也是一个各种认同之间冲突的
领域，因为在我面前发出声音的动物是否可以谈论关于共同体

---

[1] 由于霍耐特与朗西埃对话的界面是英文，因此，朗西埃在这里说的并不
是"承认"一词的德文 Anerkennung，而是英文的 recognition 或法文的
reconnaissance，无论英文还是法文，"承认"一词都带有词根 re-，其构
词法都代表着"再-认识"的意思，所以，朗西埃在这里提出"承认"与
"再-认识"的问题。——中译注

的东西，这一点颇具争议。像霍耐特那样从争取承认的角度来谈承认，显然呼应了这种富有争议的承认观念。我想在这里给出如下看法：让承认成为斗争对象的概念，究竟在多大程度上偏离了这个词的通常用法中所包含的两个预设，即偏离了对已经存在的实体的认同和对要求的反应的观念？它与对主体的认同理解和社会关系是相辅相成的观点有什么不同？

这个问题之所以值得一问，是因为在霍耐特的建构中，有一个主体的概念，它作为一个自我相关的身份具有很强的同一性，同时他也十分强调共同体是一个基于相互承认模式的关系纽带。他的承认理论同时包含两个方面。首先它是一个关于自我建构的理论，表明这种建构的三个要求——自信、自重、自尊——都依赖于他者的介入。其次，他的承认理论是一个共同体的理论，认为共同世界就是主体间关系的问题：一个共同体不是一个功利主义的个人的集合，他们需要与其他个人合作以满足他们的需求，并通过法律规定来保护他们免受侵犯。它是由这样一些人组成的，他们在构建自己的范围内，甚至通过斗争来构建与其他人的信任、尊重和尊敬的关系。这样一来，对个人的反利己主义观点与对共同体的反功利主义观点遥相呼应。爱、权利和团结的划分也是建立在类似的原则之上。在多种关系中可以找到一个共同的元素：孩子与母亲、情人与爱人、签订合同的司法主体、遵守普通法的民事主体，或者构建一个相互承认的世界的政治主体。问题是，我们真的需要这个共同原则吗？我们是否需要构建一个以所有这些关系的同质性为基础的主体性的实体理论？而这种同质性的代价是什么呢？

在我看来，其代价可能是对身份的夸大，认为主体的行为主要是对自我身份的肯定——当然，即使它与其他许多关于身份的论述有很大不同。

其次，我认为在他对共同体的思考中，对双重关系的重要性可能有夸大之嫌。对我来说，这里会忽视承认行为在操作上存在的风险。霍耐特公开地从黑格尔出发，也就是说，从围绕人的概念的共同体的建构出发：人是一个自主的实体，能够将自己认定为自主的，并且知道其他人也将他或她认定为自主的。同时，这个人当然能够为他或她的行为负责，对它们作出解释，为它们承担责任。我认为黑格尔的模式是围绕着人的法学定义而构建的。在我看来，霍耐特本人在这方面的贡献主要有两个。首先，他想扩大这种人的概念，把它与人类学构建的人类个体身份的前提联系起来。第二，他想通过将其置于共同体的动态建构中，从而取代这种人的定义。我的问题是，从后一个角度来看，即一个平等的共同体的动态建构，是否没有受到前者，即作为一种人类学建构的人的概念的威胁。这就是为什么我认为，这种取代可能需要一种对主体的思考，这种思考不需要人类学—心理学模式对人类自我的一般性建构。我们在这里讨论的不是霍耐特理论的细节问题。这是一个关于主体的一般理论的观念，是一个更普遍的关切：例如，如果你想提出一个好的政治模型，以好的规范性预设为基础，你必须构建一个主体的一般理论。我认为必然为此付出代价，而这种代价有时过于昂贵。

例如，如果我们看一下爱在承认的领域和形式中的地位，如霍耐特在《为承认而斗争》的第五章"主体间的承认模式：爱、法律和团结"开头说：让我们不要陷入爱是两个人之间的性关系的浪漫观念中去思考爱。为了反驳这种潜在的危险看法，霍耐特引用了温尼科特（Winnicott）来关注婴儿与母亲的关系。但是，我们真的能在婴儿与母亲关系的基础上构建一个爱的一般概念吗？这种关系将爱限制在依赖与独立、共生、分离和相互承认的辩证关系中？我们能把这种关系的特征归结为一般的爱情关系吗？对婴儿来说，他或她与母亲的关系是先天给定的东西。我们能把同样的特征归于我们习惯称之为爱的东西吗？相反，它是一个选择的问题，是对爱的对象的构建，还是在多种可能的关系中构建一种单一的关系？

例如，让我们假设——当然这是一个愚蠢的假设——我们不依靠温尼科特的婴儿—母亲关系，而是从普鲁斯特出发来看问题。如果我们看一下普鲁斯特的《追忆逝水年华》（*À la recherche du temps perdu*）中叙述者与阿尔贝蒂娜（Albertine）的关系，爱并不是作为一个人与另一个人的关系出现。它首先是对他者的构建。一开始出现的是意乱情迷的多重性（multiplicité）的幻影，是海滩上的一块非个人的斑块。慢慢地，在这个斑块中出现了一群年轻女孩，但仍然是一种非个人的斑块。在那块斑块中，在年轻女孩的多重性中，存在着许多蜕变，直到叙述者将这种非个人的多重性人格化，赋予多重性一个人的面孔，即在那一刻他所爱上的阿尔贝蒂娜。他试图将多重性变成个体的实体，并抓住这个实体，同时也抓住她身上所包含的不可触及的世界。他囚禁了她，但最后她逃脱了。因徒的逃脱并不是一个人对另一个人的背叛。事实是，阿尔贝蒂娜，他说爱的对象，是一个多重的人，被设置在多重的关系中，位于多个不同的地方。

你完全可以说这种爱是病态的，这不是爱，或者说这是糟糕的爱；而小说家自己向我们表明，这种爱是一种病，一种错误。叙述者所寻找的，在对爱的想象中，是他只能在文学中找到的。只有写作才能做到正确的弥补，而爱情是一种错误的选择或疾病。但这部关于爱情病理学的艺术作品告诉我们的是，爱情包含多种关系，其中大部分是不对称的关系，它涉及多种实体的构建。爱不完全是两个人之间的关系，而是两个多元体之间的关系。它也是一种建构，建构一个景观，一个可以包括这些多重性的宇宙。所以在某种程度上，它是一件艺术作品。爱的主体是一个艺术家，我想说的是，一般来说，不能将主体仅仅看成一个自我指涉的身份，而是还要看成一个艺术家。主体性是一个操作的问题，而这些操作会随时发生改变。在作为爱的对象的他者的构成中，出现了一种生成—他者（becoming-other）的情况。

现在，这种艺术性、操作性的要素也在婴儿与母亲的关系中发挥作用，正如温尼科特和此后的霍耐特所分析的那样。让我们想一想，例如，过渡性对象（Übergangsobjekts）的作用。为什么它是母亲和孩子之间关系的一个解决方案？因为这种关系开启了一个游戏空间，甚至可以让婴儿像艺术家一样行动，在艺术创作汇总中构建自己，因为他面对的对象既是真实的又是虚构的。即使是婴儿也是身份和变化性（Andersheit）

的构建者。一般来说，主体化实现了对"我和你"关系的取代。在某种程度上，游戏空间的创造，就是一个变化性的空间，取代了"我和你"的关系。

我首先关注的是爱，当然，但这是变化性的主体操作与二元模式之间的张力关系，这种关系在政治主体的概念中是非常重要的。我们知道，为承认而斗争可以被理解为——而且经常被理解为——业已确定的主体提出的要求，要求承认他或她的身份。例如，有一种看法认为，少数群体的要求是尊重他们的身份。但我们也可以把这种要求设想为——我认为这是承认辩证法的本质——不具有身份的人要求承认他们的身份。少数群体的诉求不仅是要求大家承认自己的文化；它还要求人们不要将他们视为恪守特殊习俗、只是沿袭特定文化的少数群体。他们的诉求可以被看作是这样一种诉求，即他们与其他所有人一样，与那些不具有任何特殊身份的人一样，拥有与他们一样的权利，享受一样的尊重或敬意。

我认为这在"为承认而斗争"的概念中十分重要。因为如果承认不仅仅是对已经存在的东西的回应，如果它是共同世界的原初构成，这意味着在一定程度上，个体和群体总是被承认具有地位和资格，所以，斗争不是"为了承认"，而是为了另一种形式的承认：对地位、身份和派别的重新分配。甚至奴隶也要求承认他们有资格，但这当然是无资格的对立面。在谈到奴隶，以及奴隶与语言的关系时，亚里士多德曾说，奴隶当然理解语言，但他们不拥有语言。这表明有一种承认的形式，他们被承认，他们可以使用语言，他们可以从专业上使用语言，尽管如此，他们并不完全拥有语言。我们还知道，例如，在法国大革命期间，人们区分了积极公民和消极公民。只有积极公民可以投票和被选举。其中区分的标准是什么？一个积极公民不是做过很多事情的公民——相反，他们通常什么都不做。一个积极公民是一个能够为自己说话的人，一个独立的人，这意味着一个主人，一个不依赖他人生活的人。当然，没有个人财产的工人，需要向主人要工作的人，不是独立的人，他们不是真正的人。同样，妇女也不是真正的人，因为她们要依赖父亲或丈夫。两者都被承认，他们在某种程度上受到尊重。工人可以因为他们的技术能力和工作中的勇气而受到赞扬；妇女作为家庭主妇，作为生孩子的母亲、可以教育未来的公民，等等，她们可以而且事实上也被赞美。但这种尊重恰恰是一种不尊重的反面：两者都是耦合的；既然她们在这个特定的方面得到了认可，那么她们在所有其他方面就没有得到认可。因此，对一个身份的尊重，事实上可能意味着有一种认为他们没有资格的说法。

我来给出最后一个例子，因为它最近在法国再次成为热门话题：在法国的殖民体系中，殖民地的当地人是法国人，但他们是法国的"臣民"，而不是法国的"公民"。特别是在穆斯林国家，论点如下：他们是穆斯林，在伊斯兰教中，民法和宗教法之间没有区别，所以我们不能强加一种与他们构建自己的个性和社会关系的方式相矛盾的人格形式。正如我们所知，这种殖民主义的论点在近代经常被当作有效的多元文化主义观点来使用。这显示出承认的模糊性。我们这一代中所有参与政治活动的人都知道，工人作为战士和激进分子可以得到许多美妙的赞誉。然而，成为一个有能力为自己的说话的人，则与之有着霄壤之别。

我充分意识到，对于这个问题，为承认而斗争的概念提出了一个构建身份的动态模式。这不是一个单纯的让自己的身份得到承认的问题。正如霍耐特所说，斗争本身创造了新的资格，而这些资格需要被承认。所以有一个逐步整合的过程。在某种程度上，重要的不是身份，而是身份的充实或扩大：增加新的资格，新的竞争力。这些新的品质或资格没有得到承认，这就开启新的斗争；这本来就是一个动态原则。这里的问题是，这种动态的目的到底是什么？霍耐特说，我们需要相信进步。由于进步的观念在我们今天的时代不再那么流行，这是一个勇敢的和激进的断言。"我们需要某种形式的进步。"我们需要它，因为斗争的动力是一种不断丰富的动力体系，一种逐步整合新资格的动力体系。因此，这个过程必须以一个目标为指导，而这个目标是一个整体的目标。然而，我认为，如果不断丰富的动力体系是明确的，那么这个"整体性"所包含的内容就不那么明确了。

在这一点上，问题是：难道这个过程不需要一个主体概念，去更彻底地质疑身份模式，对身份问题的所有形式所造成的错误提出质疑吗？这就是为什么，我没有朝向一个不断丰富的整体性形式去推进，而是提出了在"主体化"的过程中自我建构的主体模式，并认为主体化首先是"消除认同"（Des-Identifizierung）。消除认同意味着什么，首先是某种阐释。在政治宣言中，在政治行动中，当一个集体主体说："我们，工人，是（或想要，或说，等等）"，这里没有一个词定义了一个身份。"我们"不是一种身份的表达；它是一种宣告，创造了它所命名的主体。特别是，"工人"并不代表一个业已存在的集体身份。它是一个执行者，实现一个新开端。构成这个主体的真正的工人是通过打破他们在现有地位分配体系中的既定认同来完成的。从我的观点来看，这需要从两方面超越这种认同。首先，这是一个确认讨论共同事务的平等资格的问题。这不仅是一个宣称这种资格的问题，而且是一个通过创造这种资格来发出宣言的问题。那些发表这些宣言的人并不是在抗议对他们资格的否定；他们创造出了被否定的资格。同样，他们作为艺术家，使在目前配置中不存在的东西可以在新的配置下存在。关键在于，他们不是创造出他们作为一个群体的资格，作为"工人"群体所拥有的资格，而是创造出那些被普遍认为不具有资格的人能够拥有的资格。因此，他们把共同的资格、普遍的资格确认为那些被普遍认为不具有资格的人的资格，或所有人的资格。我的看法是，动力来自宣布这种资格，它超越了所有具体的资格，也就是说，超越了任何被认为是特定社会场所、立场或身份的资格。它是所有人的资格，或者所有像这样的人的资格。没有这种被否定资格，不平等的社会本身就无法运作。不平等必须以平等为前提。同时，它也必须否认平等。政治主体化宣布了这种资格，它被所有社会资格和身份地位的结构所否定。它构成了自己的宣言。这是一个不对称的构成，因为它建构了一个同时存在和不存在的世界。所以它是一种将平等的存在定位在不平等中的方式，以便以相反的方式处理平等和不平等的关系。或者说，回到开头我说过的话，这是所有普遍性讨论的基础。问题不在于相对主义与普遍主义，或普遍主义与特殊主义。事实是，在人类关系中，迄今为止，普遍主义总是特殊化的。因此，在政治主体化中最关键的问题在于，让普遍性与它自身的区别，在论战中以相当独特的方式凸显出来。这是一种打破普遍性的封闭、重新开启新普遍性的方式。我想，这可能是霍耐特和我试图解决的同一个问题：我们如何面对不对称性，或者我们如何面对平等和不平等的关系？我们之间的区别在于，我把平等而不是整体性作为关键的概念，作为政治和主观能动性的动力。如果你选择某种整体性作为你的中心概念，你就必须预设某种历史目的。在某种程度上，你可以说这种解决方案更好，它更令人满意，因为它允许你使用全球进程的概念，而全球进程比政治主体化的这些"波澜不定"的用词更好。我经常被指责说，政治对我来说只是叛乱，因此，当没有叛乱发生时，就没有政治，一切都失去了，等等。但我认为，我们可以很容易地摆脱这种两难的表述：一方面这不是歧义——或自发性——的问题，另一方面这不是缓慢进程的问题吗？问题在于：我们如何确定是什么样的隐形的引擎让平等力量扩张开来？霍耐特并不太喜欢使用"平等"这个词。这是因为他想构建一个关于主体的观念，和一个关于主体之间关系的观念，以及一个让这个主体和关系趋向于充分发展、得到圆满成就的观念。我的问题是，在这种情况下，我们必须预设某种目的论，一种面向未来的方向，某种历史的动力。在我看来，根本不存在历史的动力：历史什么都不做。我知道，在一定程度上，这会让人感到困惑；但我认为，这是我们能够思考平等的唯一方式，平等不是未来的梦想，而是已经在我们所有关系中发挥作用的力量。

这是我试图给出的"朗西埃式"承认理论的概念。当然，我的概念对各种歧义都是开放的。

第二章　评朗西埃的哲学方法

阿克塞尔·霍耐特

雅克·朗西埃的著作不仅拥有令人印象深刻的篇幅，而且在主题和问题上也拥有令人敬佩的广度；他试图通过美学研究和历史研究进一步阐明政治哲学问题，由此他的研究近乎游戏般地跨越了学科间的既定界限。不过，在接下来的评论中，我将只涉及他的众多工作中的一个方面，并重点讨论我认为是其政治哲学著作核心的一个论题。如果我没理解错的话，这个核心由两个思想步骤构成，每一个都需要进行批判性的检验：第一步是重新定义什么可以被理解为一个社会的政治秩序；第二步是重新定义"政治"概念。在下文中，我将简要重构这两个步骤，以便在本评论的第二部分分析它们各自的影响和问题。希望通过这种方式，既能揭示我们之间的一些分歧，也能展现我们的两种方法的交汇点。

一、重建

在我尝试重建朗西埃政治哲学的核心要素时，我将尽可能使用我自己的术语。当然，这样做的结果便是，朗西埃通过选择某些法语表达方式而想要强调的一些重点，无法体现出来。

1. 一个社会的政治秩序

朗西埃尝试重新解释政治哲学的基本概念，他以这样的观察来开始：根据传统观点，政治秩序是由一个政府建立的，只要该政府的基础是所有受约束者对此后有效的政治共存规则的同意，那么该政府就可以被视为合法的——无论这种同意的基础是用汉娜·阿伦特，还是用尤尔根·哈贝马斯的概念来描述。针对这种观点，朗西埃认为，任何形式的政治协议总是基于对一些个人或群体的排斥，这些个人或群体不被包含在协商规则和规范性原则之中——他甚至认为，所有这种协议必须总是（即完全独立于其内容）基于对所有这些人的排斥，对这些人而言，那些商定的原则并没有提供阐明他们的"存在方式"（Existenzweise）的可能性。接下来，朗西埃认为，这种政治秩序是通过文化过程再生产的，这些文化过程使协商规则和原则同时作为感性可体验世界的组成部分而出现；在这方面，一个政治秩序不仅基于虚构想象的或实际实现的对此后有效的原则的赞同，同时还总是由此揭示了一个感性世界，其中的一切都只能在既定的规范范畴框架内被体验和经历。这里，我想短暂停留，以便指出在关于每个政治（承认）秩序的感性维度这一点上，朗西埃和我之间似乎存在某种共识；因为我也相信，被排斥在一个规范的既定秩序之外，在此意义上，不被承认总是同时意味着不再被大多数人听到，甚至变得"不可见"——正如拉尔夫·艾里森（Ralph Ellison）在其小说《看不见的人》（*The Invisible Man*）中深刻描绘的那样。[1]

通过上述的两个假设——无处不在的政治排斥机制以及这种排斥在经验世界中的"感性"基础——朗西埃现在认为他可以得出这一结论：每个政治秩序都具有"治安"特征。如果我理解得没错，这个概念意在突出一个事实——政治上建立的社会秩序也总是以控制感性给予物的方式对某些群体或个人进行排斥，甚至不再允许那群人进入社会成员的经验领域，他们被排除在共同生活的规范规则之外。尽管我怀疑"治安"一词是否真的适用于恰当描述这种控制感性经验领域的机制——一个国家的，并因此是中央控制的机构是否真的对我们的感性经验进行了控制和监视？在很大程度上我也同意这些结论，但在多大程度上，还有待观察。

2. 政治的含义

在剥离了"政治秩序"这一概念的所有历史和空间的关联之后，朗西埃的下一步是提出一个相匹配的，即无时空的"政治"概念。在他看来，"政治"不再像政治哲学的传统那样，被理解为就共同遵守的规则或原则达成政治协议这一过程的缩影；正如"政治秩序"这一概念已经被"治安"概念所取代那

[1] Ralph Ellison, *Der unsichtbare Mann*, übersetzt von Georg Goyert und Hans-Christian Oeser, Berlin 2019.

样，我们关于什么东西构成政治行动或实质性的"政治"的概念也必须转化为一种全新的概念。如果我没理解错，这种重新定义是雅克·朗西埃的政治理论的真正创新性。

与政治哲学的传统相反，朗西埃希望将"政治"概念保留给这样一些历史时刻，在这些时刻，政治秩序——或者准确地说，治安治理——被至今未被纳入规范规则的群体的干预所质疑。然而，对他而言，"未被纳入"，或换言之，"被排斥"的意味与传统上的理解不同，也更为丰富；朗西埃坚持政治秩序系统中所有规范规则对感觉—经验的构成性，在此意义上，这意味着无法用语言或词汇来表达自己的存在方式，尤其是自己的痛苦。[1]在其更新政治哲学的工作中，朗西埃不遗余力地描述这种"政治"时刻的模式和发展形式，在这种时刻，通过展示和有力地阐明规范调节的政治体系在排斥机制中的根深蒂固性，这一政治体系就被破坏了。如果我没理解错的话，在朗西埃看来，这些"政治"时刻具有四个典型特征：

a）首先，正如朗西埃所表明的，对政治—规范秩序的中断总是只能以一种否定的形式出现。政治干预原则上的否定性（Negativität）的原因是显而易见的，一旦政治秩序建立之后，便不可随意改变：因为这个体系凭借其治安权力，也监视着历史上可说和可体验之物，那些被排斥的群体无词汇可用，通过

---

[1]顺便说一下，这一观点与米兰达·弗里克（Miranda Fricker）在《认识上的不公正》一书中所使用的"解释学边缘化"概念有很大的相似之处，参见：Miranda Fricker, *Epistemic Injustice. Power & the Ethics of Knowing*, Oxford 2007, Kap. 7. 以 及 Axel Honneth, »Zwei Deutungen sozialer Missachtung«, S. 138—171。

这些词汇被排斥的痛苦经验可以被肯定性地表达出来。这样，这些群体便只剩下一种可能性：将他们所经历的、在某种程度上不可见的和无言的东西，作为一种"不公正"，从而作为单纯的不在场之物表达出来。正如朗西埃所言，"表达"一词在这里已然具有误导性，因为这里恰恰缺乏所需要的语言手段，所以更好的说法是，对不公正进行"展示"或"阐明"。

b）其次，朗西埃认为，被排斥群体的所有这些政治干预的动机——是什么驱使他们并导致他们进行否定性的干预——是对平等的根深蒂固的渴望。显然，他试图在不透露人类学背景的情况下，提出这样一个论点：人类本质上充满了与同类平等生活，亦即平等相处的愿望。为了更清楚地理解这一论断，将它与其他同样似乎具有人类学特征的观点区分开来可能会有帮助：朗西埃并非认为，人本质上想要属于一个社会共同体，或者他们可能被免受他人支配、胁迫或统治的愿望所驱使，又或者他们需要社会优越感和社会优先权。不，他说的是，作为人类，我们想要与所有的同伴平等相处。因此，朗西埃的政治人类学——我相信他会拒绝使用"人类学"这一术语——的基本范畴是对平等的需求，换言之，是一种平等主义的愿望。

c）一切"政治"之物都被理解为被排斥群体对"治安"秩序系统的否定性干预的时刻，朗西埃认为它的第三个特征在于，在这种干预过程中，一个意识到其共同性的群体之主体是由大量匿名的受影响者构成的。为了标明这一政治行动时刻前后的差异，朗西埃在使用"认同"和"主体化"这两个概念时，其含义几乎与它们在法国近代思想中的含义相反。对被排

斥者而言，干预事件"之前"的情形的特点是，他们只有借助
规范性范畴才能认识自身，政治秩序根据其一套规则以认同的
方式将这些规范性范畴用于他们；在这方面，我们可以和朗西
埃一起说，这些群体的身份是单方面地从上面由治安上的努力
而建构的，以维持对感性的可经验之物的控制，并相应地给被
排斥者贴上某些标签。根据朗西埃的观点，一旦被排斥的群体
开始公开展示或象征性地说明它遭受的不公正，这种纯粹被动
存在的状况就会突然改变；因为通过这种自我赋权的行动，一
直只被从外部视为联合体的群体变成了一个由许多成员组成的
主体，现在这些成员都积极地意识到他们的共同性——朗西埃
将这种只是被动存在的群体自发转变为有行动能力的主体这一
点称为"主体化"行动，而阿尔都塞或朱迪斯·巴特勒用这个
概念所描述的，即一种社会身份的霸权式归属，被朗西埃以某
种合理的方式称为"认同"。因此，他可以说，被排斥的群体
在对统治的政治体制表示抗议时就"不认同"了，因为他们自
发地摆脱了从外部强加给他们的身份归属，并首次获得了一种
自己的、尽管目前只是否定地规定的"主体性"。

　　d）朗西埃认为他能从每个"政治"行动中发现的第四个
特征是对政治秩序系统的中断，这一点也许最为有趣，因为他
由此进入了政治理论的全新领域。在他看来，对统治政权的规
则体系的干预，必须利用一种非常规的言语行为，这种行为的
不同寻常源于这样一个事实，即既定秩序的语言和经验世界决
定了我们究竟能说些什么。因此，朗西埃的结论是，一直被排
斥的群体，在他们进行干预的时刻，不能像通常假设的那样，

为自己的活动使用第一人称复数，所以不能把他们自己说成是
"我们"；无论是他们过去的痛苦，还是他们现在的利益或未
来的目标，都不能被恰当地命名，因为在当前条件下他们完全
缺乏语义学手段。相反，根据朗西埃的说法，为了获得某种能
见度和说服力，这些群体在干预的时候通常会做的是，从一种
集体的第三人称视角来描述自己，从而在面对他们自己的关切
时表现得像一个观察者——这在最初可能只意味着借助既定的
和治安控制的文化所提供的表达可能性去描述他们所遭受的痛
苦以及新兴的利益。然而，朗西埃认为，这种语言上的尴尬和
表达上的贫乏通常会受到第二种形式的言语行动的帮助，其独
特性在于言语的世界揭示性；他设想，进行干预的群体将致力
于冲破既定的经验空间，以寻求一种描绘世界和表达自我的新
词汇。对政治抵抗行动的语言特征进行这种分析的结果是将审
美化的冲动视为一切真正的政治之不可分割的元素：所有因为
自己没有被纳入一个政治秩序体系的规范规则而攻击该体系的
群体，迟早都要使用审美手段，来揭示新的意义范围和理解的
可能性。虽然"政治的审美化"一直被视为宣传和非法影响选
民的手段，但朗西埃将其重新解释为政治抵抗行动的手段。

　　在我看来，朗西埃认为政治作为一个整体所具有的四个特
征中，最后一个特征对政治哲学而言尤为重要，原因有二。首
先，指出反抗群体无法采用一种"我们"的视角，实际上是
提请注意一个在相关分析中常常被低估的问题。朗西埃的观
点是，在反抗和干预的时刻，这些群体还不能充分表达自己
的利益和关切，因为主流文化只为那些已经被纳入现有社会秩

序的人提供语义资源；这种"解释学上的边缘化"，正如米兰达·弗里克（Miranda Fricker）所说的相同情况[1]，意味着那些被排斥者只能用一种完全不适合他们的处境和生活方式的语言来指称自己；因此，正如瓦尔特·本雅明所言，当他们反抗既定的社会秩序时，他们必须从一种集体的第三人称的视角，即从"统治者"或"胜利者"的视角，来描述自己的愿望。在这种政治反抗中，无法把自己说成是"我们"，是因为，由于缺乏解释学的前提条件，哪怕模糊地设想自己作为一个群体的身份都尚未可能。当我总结到，为承认而斗争总是从一种模糊的不公正感开始时，我是以类似的方式用稍微不同的术语描述了这种反抗统治社会秩序的过程——这也就是说，反抗群体最初只能否定地描述他们反抗的原因，即提及经历的"不公正"或遭受的"蔑视"，因此他们对他们的集体身份还没有一种肯定的理解。[2]然而，朗西埃的分析的新意和开创性在于，他将完全相同的情形等同于对这些群体的强迫，即强迫他们对自己和自己的感受采取一种纯粹观察者的视角，不仅如此，更确切地说是一种统治者的视角；而且我必须承认，这种夸大是正确的，因为使用"不公正"一词只能在这种确切程度上才能表达自己的痛苦，即它可以被描述为对霸权语言文化中的规范的

---

[1] Miranda Fricker, *Epistemic Injustice*, S. 6 f.; S. 147—161.

[2] Axel Honneth, »Moralbewußtsein und soziale Klassenherrschaft. Einige Schwierigkeiten in der Analyse normativer Handlungspotentiale«, in: ders. *Das Andere der Gerechtigkeit. Aufsätze zur praktischen Philosophie*, Frankfurt/M. 2000, S. 110—129; ders., »Die soziale Dynamik von Mißachtung. Zur Ortsbestimmung einer kritischen Gesellschaftstheorie«, ebd., S. 88—109.

偏离。

然而，朗西埃还确信，这种看起来自我指涉的独特行为，通常伴随着集体性的目的，这些目的旨在超越主流的可感与可说的宇宙空间：揭示世界中的新意义，从而对感性进行"不同的分配"，在其中能够更好地反映出自己的关切，这就是第二种形式的言语行动，如果被排斥的群体想破坏既定的政治秩序的话，他们就必须实践这种言语行动。因此，按照朗西埃的说法，"政治"作为对反抗的执行，在其中，总是有两种言语实践，它们既互补又完全不同：从一种观察者语言到一种"感性"语言，必须持续地往返，观察者语言是用统治者的语言解释自己的渴望，而"感性"语言是以一种摸索和探索的方式赋予给定的东西新的意义。按照朗西埃的理解，"政治"是一种政治反抗行动，在这种行动中，自我异化和世界揭示以一种难以分割的方式交织在一起，不然被排斥的群体就无法成为一个有行动能力的集体。

二、评论

以上简短的总结应该足以让我在下文中对朗西埃政治哲学提出一些批评质疑。我将把自己限制在三个在我看来有疑问或值得讨论的问题上，我想按其论证的重要性的顺序简要评论一下。第一点是关于平等需求的前提条件（1），第二点是将国家的政治秩序等同于"治安"，而这一表述的含义仍然有待澄清

（2），第三点是将"政治"定义为对国家确立的秩序实行一种打断（3）。

1. 我还没有真正明白朗西埃如何证明这样一个极其强烈的主张，即所有破坏一个国家秩序的政治行动都应该以一种根深蒂固的、显然是普遍的平等需求为动机。每个对社群化的形式的历史稍有了解的人都会立即反对，认为我们应该不分阶级、性别或宗教而平等地对待对方这一观念是相对晚近的事情——例如，黑格尔将这种道德思想的出现追溯到宗教改革的时代，以及伴随而来的对每个个体的无条件的价值的肯定。[1]我猜测，在时间上更早的社会的成员甚至无法表达这样的需求，因为他们在社会环境中缺乏必要的规范性词汇；因为无论哪种需求，最迟在人类生活方式阶段，就不再作为原始的、无目的的驱力而存在，而是通过社会化过程被引导到文化定义的对象上，然后在动机上与这些对象紧密结合，以至于它们不再独立存在——顺便说一下，这一见解也可能与朗西埃强调的这一事实相吻合，即我们总是已经生活在由政治生产的感性世界和经验空间中。无论如何，我并不真正知道，说一个部落社会或等级划分的共同体中的成员（他或她）在努力争取社会平等，这是什么意思；在这种情况下，不仅很难想象文化上根深蒂固的自然等级观念是如何被简单地悬置起来的，而且人们也并不真正知道各个社会成员究竟想与谁平等相处。因此在我看

---

[1] G. W. F. Hegel, *Vorlesungen über die Philosophie der Geschichte*, Theorie-Werkausgabe, Bd. 12, Frankfurt/M. 1970, Vierter Teil, Dritter Abschnitt (»Die neue Zeit«).

来，更合理的是去假设，被排斥的群体反抗现行国家秩序的动
机来源并不需要那么固定的阐释需求，而是将根据文化环境和
可用的词汇而呈现出不同的内容。朗西埃和我都希望能够用这
种需求的各种候选者来解释对排他性社会秩序的集体反抗的持
久性[1]，其顺序可能是松散的：

　　　　——在我看来，对社会归属感的需求相当于我所说的
　　对社会承认的需求；也就是，作为具有规范地位的成员而
　　被社会共同体尊重的愿望，其内容取决于道德文化；
　　　　——生活在一个正当的社会秩序中并因此被认为是其
　　正当性的受众的需求；这种需求也可以根据道德环境而具
　　有非常不同的内容，甚至包括积极参与到这些正当性本
　　身中；
　　　　——不受他人支配的需要，正如在福柯间接提到针对
　　限制性话语或权力形态的反抗动机时，他有时候或许会关
　　注这一点。

　　如上所述，所有这些需求的提出是如此不具体，并且被理
解得如此具有可塑性，以至于它们首先必须借助文化解释方案
才能被阐明，然后才能形成一个实际的行动动机，以达到一个

---

[1] 关于这整个复杂问题参见：Axel Honneth, »Gibt es ein emanzipatorisches
Erkenntnisinteresse？Versuch der Beantwortung einer Schlüsselfrage
kritischer Theorie«, in: ders., *Die Armut unserer Freiheit*, Berlin 2020, S.
290—319。

目的；这种概念性策略的好处在于，让如何具体地表达解放愿望这一问题保持开放性，这种解放愿望是消除所有被视为不公正的、蔑视的或限制性的社会秩序，因为这完全取决于各自确立的公正的共存原则——16世纪，起义农民向德国王室提出的要求不是与贵族平起平坐，而是要求减少被认为是不公正的税收，在特别激进的情形中，甚至要求废除农奴制。在这里谈论对平等的需求具有很大的历史上的误导性；因为所有的人都是平等的，他们也必须拥有同样的政治权威，这种观念在文化上还没有诞生，因此无法激发起义农民的斗争愿景。因此，在我看来，朗西埃最好将对"与所有其他言说者平等"的需求理解为一种更为抽象的，也许实际上是所有人类共同的需求在历史上的具体化和文化上的特殊设计，这一需求即免于被统治或在一个社会团体中得到规范保障的成员资格的需求。

2. 如果我冒昧地将朗西埃关于这种国家秩序的想法与我关于制度化的承认秩序的想法进行比较，我便能马上阐明我对朗西埃将每个政治上构成的系统都等同于治安秩序力量的倾向的疑虑——如果我的理解没错，他本人似乎在他的发言中邀请我这样做。对我而言，一个制度化的承认秩序代表着社会承认的规范性原则体系，它通常是国家认可的，它应该证明在一个社会中谁、为什么以及出于什么原因可要求何种社会承认；这种承认可以以最为多样化的方式被给予，从物质报酬到荣誉证明，再到象征性的关注以及情感关照。如果现在看一下朗西埃有时候诉诸亚里士多德而给出的关于国家秩序体系的定义，我便有这样的印象，即我们关于这种国家形成体（Staatsgebilde）

的想法有显著的相关性；因为他似乎也认为，一个政治秩序的特点是以规范原则为基础的，这些原则被认为是以拥有或不拥有某些社会品质来为成员之间的不平等辩护——无论这些品质是某些美德、成就，还是像在一些古老社会中那样，是年龄。我也在很大程度上同意朗西埃的观点，即这些社会上既定的和国家认可的等级制度反映在社会成员的感知中，从而确定了可以被感性体验的领域——几个世纪以来，妇女不仅被赋予了从事家务的专属能力，而且她们也被所有社会成员只作为"家庭主妇"来体验和感知。一个制度化的承认秩序塑造了日常生活的常规，甚至包括感知和体验模式，在此意义上，它也总是在形成第二自然。然而，与朗西埃不同的是，我不相信这种经验的社会空间可以像个别法律要求一样被一种类似治安的秩序力量严格且有效地控制；我们的感知和经验太容易受到刺激、不和谐以及偏差的影响，而无法被成功地集中监控并一劳永逸地固定下来。就此而言，我认为，在不和谐的经验和感知的推动下，既定的承认原则总是可以被重新解释和改变的——就像女权主义者在19世纪认为自己有资格参与公共选举，从而不再觉得自己只能下厨房和照顾孩子一样，原则上，大多数被排斥的群体在改变了他们的自我感知后，能够尝试以创新的方式去解释给定的为社会承认进行辩护的原则，以便为自己争取社会中的规范地位。主流社会秩序本身已经包含了规范调节，可以通过重新解释，从内部接纳一直受压迫的群体，而在我看来，朗西埃在其政治的权力秩序概念中似乎低估了这种可能性；在他那里，对被排斥者而言，似乎并不存在内部和外部之间的选择，只剩下拒绝整个现存规范体系的可能性。这就来到了我的第三点疑虑，它涉及朗西埃对"政治"的新理解。

3. 如果我的观点是正确的，即一个国家秩序的所有规范原则都可以进行创新性的重新解释，那么在我看来，就不再有理由将"政治"概念视为一种不服从的实践和干预的范畴，将其只限制在那些整个秩序体系被**完全**质疑的非同寻常的时刻；相反，我们将不得不在适当的意义上区分这种"政治"行动的至少两种类型，这些行动因此也必须伴随着不同的言语行动或言说形式。我将以对这种区分的一些思考来结束我的简短评论：如果我的观点到目前为止是有说服力的，那么在朗西埃的意义上，一定存在第一种类型的"政治"，它包括从第一人称复数对现存的承认原则进行重新解释，其目的是为了证明这些原则已然也不得不适用于那些一直被排斥的人——20世纪初的女权运动和20世纪五六十年代美国的黑人民权运动都能够从一种"我们"的视角将自己视为一个已经构建起来的群体，因为他们相信自己已经在统治秩序的规范用词中找到了一个适用于自己需求的用语，即"公民权利"。在这种情形中，"政治"行动并不意味着从整体上打破一个既定的规范体系，以便被一种全新的道德秩序所取代，而在于重新解释那个已经存在的规范体系，在其中自己的要求和利益必须被视为完全合法的和有权提出的。因为被质疑的不是现行规范体系的合法性，而只是目前对它的解释，因此既不需要对自己的活动采取观察者的视角，也不需要在审美上打开一个全新的经验空间；但在这种情形中，也需要解释学上的灵巧和道德上的想象，因为必须从内部打破几十年来习以为常的对规范的僵化解释，并向完全不同的利益敞开——这表明，只适用于异性伴侣的婚姻法律制度是多么不协调。

如果我们将属于这第一类的政治行动称为争取承认的"内部"斗争，那么当然，我并不怀疑也会有这种斗争的外部形式；当一个一直被排斥的群体无法在现存社会秩序的规范词汇中——即使借助激进的重新解释——合法、正当地表达自己所遭遇的经历或拥有的利益时，就总会出现这种外部斗争。我怀疑，在历史进程中很少会发生这种为了承认而进行的"外部"斗争，它是一种罕见的例外，但我承认，这是一个在很大程度上取决于对既定秩序体系的规范特征进行解释的问题——涂尔干深信，工人运动可以参照劳动合同在文化上有效的平等承诺来证明自己的要求的合理性；而马克思则深信，需要想象一个全新的没有市场往来的法律制度的社会秩序。经济上崛起的资产阶级对封建政治秩序体系的反叛，也许可以被视为争取承认的"外部"斗争的典范，在这里，不可能诉诸内部原则来证明自己的被理解为合法的利益，封建秩序的道德词汇并没有为资产阶级提供任何解释手段，使他们能够将创造经济收益的生产成就作为其要求参与行使政治权力的理由。因此，资产阶级只有通过质疑整个给定的秩序体系，并用揭示性的语言想象一个新的经验世界，才能将自己"创造"为一个政治主体——在此可以简单质疑一下，这个作为集体行动者的阶级的"主体化"是否真的有必要首先只从统治阶级的视角来理解自己，因为在旧秩序条件下，它自己的经济活动应该足以作为一种积极的、独立的身份形成支点。但是，撇开这个问题不谈，很显然，崛起的资产阶级只能通过尝试推翻整个规范体系，而不是通过重新解释社会承认的制度化原则来反抗贵族的政治统治——从而创造了我们后来称为"革命"的政治事件的典型案例。我目前的印象是，朗西埃完全是根据这种革命模式来创造了其"政治"概念的；并且我怀疑他这样做是否正确，因为自 19 世纪和 20 世纪的民主革命以来，绝大多数的政治起义和反叛都具有争取承认的"内部"斗争的特征——想想女权运动反对父权统治体系的斗争，同性恋平权运动对制度化的异性恋原则的反抗，或美国黑人民权运动反对系统性种族主义的斗争：所有这些运动都可以依靠已经得到法律认可的原则来公开表达其要求。当然，人们不应该试图通过自己理论的范畴设计来预测未来政治起义和反抗的特征；而且，我指出在过去两个世纪中这种反抗运动往往具有"内部"干预的特点，这完全不是想要排除这种可能性，即我们不应该再期待外部的、在这个意义上的"革命"起义。但反过来，将"政治"概念作为反抗行动的行动形式的范畴，认为只有推翻整个制度化规范体系的做法才能属于这一范畴，我认为这同样是有问题的。我们应该如何描述这种斗争——这个问题不能在范畴上预先决定，而只能从经验或解释学角度来回答。

第三章　讨论

雅克·朗西埃　阿克塞尔·霍耐特

　　按：阿克塞尔·霍耐特和雅克·朗西埃之间最初的相遇是批判性解读的交流，通过这种交流，两位哲学家都向对方提出了关于其主要的政治哲学作品的问题。然后，在2009年6月于法兰克福举行的现场讨论中，在社会研究所的殿堂级的建筑中，二人进行了激烈的交锋。这次现场交锋由克里斯托夫·门克（Christoph Menke）主持，在本章中，他的提问方式重现了当时交锋的框架。

　　从朗西埃的角度来看，关键在于身份范畴以及将其作为政治思想基本范畴的含义。霍耐特反过来向朗西埃提出的问题涉及平等的概念，以及平等何以能具有这样重要的地位。两位思想家首先要对对方的批判性解读和由此提出的问题进行回应，并指出在多大程度上，这些问题准确地表述了他们的思想。不过，批判也显示出二人一些有意思的重叠和相似点，引发了他们提出一些其他更有建设性的问题。

　　在整个交流过程中，两位思想家解释和介绍他们各自模式的方式，似乎源自他们各自的批判模式的不同，以及他们对"统治的政治秩序"的不同理解。显然，一种深刻的歧义形式将这些模式分开。正如克里斯托弗·门克所言，这种歧义也反映在方法和风格的层面上。霍耐特使用的是一种"解释学模式"，而在朗西埃这边，可以说是一种美学模式在起作用。霍耐特的承认政治是"解释学"，因为对他来说，政治过程包括围绕关键规范性原则的解释和应用而进行的斗争。朗西埃的政治模式也是基于某种二元性范式，但在这里它说的是既定的"感性分配"和挑战这种分配，并提出另一种分配秩序之间的审美上的二元性。然而，在这两种模式中，政治进程并不是以理性本身所蕴含的解放潜力为中心。相反，在社会秩序的某些方面上，两人进行了理性的交流，这就是两位思想家的政治斗争的核心所在。这或许可以解释讨论中出现的共同点。霍耐特和朗西埃之间的批判性讨论围绕着这些关键问题展开，下文将全面展开讨论。克里斯托弗·门克邀请霍耐特开始讨论，回应朗西埃的关切，即承认理论的批判性效力因其对身份的关注而被削弱。在他的承认理论中是否有非身份的概念的位置？

霍耐特：事实上，在一开始，我有某种倾向，即在描述为承认的斗争时，假定其目标是对业已存在的身份进行肯定地确认，无论是个人身份还是集体身份。毫无疑问，简单地假设这些为获得承认而斗争的主体，在斗争产生结果之前，就已经完全了解他们最终会成为什么样的人，这种看法是完全错误的。而在斗争之前，他们只是从统治阶级那里来辨别自己的属性，并决定对规范秩序的解释。在这方面，我同意朗西埃的假设，也许不是直接作为目标——因为这几乎不是意图所在——而是作为这种承认斗争的结果，那些到目前为止以某种方式被压迫的群体有机会从外部强加给他们的身份中解放出来，从而在某种意义上，他们首先获得自我描述的可能性。也许我们可以认为，通过某种方式，让他们可以获得自我认同的权力：只有在此前普遍存在的对他们蔑视和排斥的斗争过程中，才逐渐开始确定自己究竟想成为什么样的人，究竟拥有什么样的欲望和意图，让他们完全不受外来的影响。二战之后的几十年的家庭主妇的变化，可以作为一个很好的例子，说明只有在反对以前统治者的主流描述的斗争中，才能形成她们的自我认识：只有在反抗中，即反抗那些认为她们只有在私人领域从事各种家务劳动的天赋和才能的说法时，这些妇女才逐渐成功，在她们经历了诸多心理上和社会上的冲突之后，在经历了抑郁绝望和无助的尝试之后，她们才获得了自己目标和欲望上的自由。是的，正是在这个意义上，把为承认的斗争理解为试图让一个业已确定的身份，去赢得此前统治者的认可或尊重，这就搞错了，完全不对。但我不认为这种斗争的出发点局限在身份认同的经验上，而是像朗西埃一样，只从模糊的、仍未阐明的不公正的经验出发；也就是说，人们逐渐看到一种被区别对待的模糊感觉，这比制度化的承认原则的实际要求的更糟糕。再来看看经常谈到的传统家庭主妇的例子：她感到不适以及她最初的反叛情绪，当然源自被区别对待的经历，尽管制度上承诺男女平等，但由于她的天性，她只对家庭负责，因此常常认为她们在所有其他公共问题上会低人一等。

一、承认的目的

霍耐特：我想说的是，这个问题与这些斗争是什么的规范性背景问题无关。我仍然认为，在这些规范性背景中，我们所谓的斗争的框架和语法问题，只能从自我关系角度来界定，而这意味着有一种不被歪曲的自我关系。所以，一种首当其冲的不公正的经验是遭到歪曲的自我关系。我不能用在我生活于其中的政治社会秩序中业已存在的范畴来充分或完整地描述自己。在那个意义上，自我关系——从规范性角度来看——就是我所说的承认斗争的参照点，在那个意义上，我们仍然可以在这里引入一种未被歪曲的自我关系的目的之类的东西。

所以，朗西埃说我预设了某种东西，这是对的：我预设了不完整的自我关系和完整的自我关系之间的区别。但我认为我们不可能描绘出完全不被歪曲的自我关系，并将其作为解放运动的目的，我在这里的看法是，即便我们使用了"完整"一词，将其看成是一种目的的描述，但我们没有必要界定"完整"是什么意思。我们拥有的是被歪曲的自我关系。一旦在政治秩序下实施的社会范畴不允许主体展现出一种自我认同，那么就会出现被歪曲的自我关系。在我看来，我根本不可能拥有未被歪曲的、完整的自我关系的观念，即便我们只能通过否定或间接的方式来接近它。我们必须将这种未被歪曲的自我关系的理想作为一种反事实性的参考，让被歪曲的自我关系像这样暴露出来。这个理想就是履行规范或自我实现的意思，即使二者意思并不完全一样。但在这两种情况下，我们也充分意识到，我们永远不可能对其内涵给出一个完整的事实性描述。所以这是一种"调节性的观念"（regulative Idee），但作为一种终极目标，没有这个观念，我们就无法描述这些过程、运动或政治斗争的目的，尽管我们知道我们永远无法真正一劳永逸地确立这种完整的自我关系的意义。

在这个意义上的政治斗争，为承认而进行的内在斗争，通常是从不完整的自我关系所表明的不公正的经验开始的，或者（如果我们进入政治心理学）由特定种类的情绪所表明的。这些情绪表明对现有的政治承认的诸多范畴的不安，然后你必须克服这种不安。这种克服可以被描述为一个不认同的过程，它需要重新认同。我们可以持续观察这个过程。认同的目的——伦理目的——仍将是一种完全不扭曲的自我关系。这就是我为我辩护的方式。

二、平等的地位

朗西埃：关于平等，我必须说，我不同意这样的看法，即认为我把平等看成一种人类学属性。霍耐特认为我的立场必然预设了一个"根深蒂固的平等主义愿景"。我不认为我曾经说过这种愿景。这不是一个愿景的问题。在我看来，事实上根本不存在人类一般性对平等的愿景或渴望。我不知道人类一般的愿景是什么。我知道，人类可能有很多方法，对可能性的框架作出反应。但我并不清楚，人们在一般意义上会有什么愿景。

　　基本上，我认为，政治之所以出现并不是因为人类渴望平等。我的看法是，政治的定义本身就包含了平等。在亚里士多德以降对政治主体的定义中，政治主体是参与了统治和被统治的人。这一点确凿无疑。在所有其他关系中，都会存在不对称性，而重要的是，我们必须认定，政治必须是一种对称关系。这就是政治的特殊性之所在。一旦政府[1]（die Regierung）要让那些因为出身、知识、年龄或任何其他形式上与众不同而高人一等的人具有特殊地位，简言之，一旦政府让那些有特权进行统治的人具有特殊地位，就不可能存在政治，这意味着不可能定义特定政治身份。我不会称其为规范：首先出现的根本不是规范，而是一种特权，或者说是一种资格、资质等等。而且，把它称为"观念"可能也太过了。在作出任何判断之前，它就是在感觉上强加的证据。所以我认为基本上有两种逻辑：要么统治者有权进行统治，因为他们已经实施了某种形式的统治合法性；要么根本没有任何特权。而在一般情况下，当没有这种特权的时候——换句话说，当没有不对称的时候——政治就出现了。如果国王的统治是因为上帝赋予他的特权，那就没

---

[1] 在法语中，朗西埃曾区分了阳性政治（le politique）和阴性政治（la politique），后者是朗西埃意义上真正的政治，这个区分在英语中并无明确的对应翻译。但在德语中，是有对应的翻译的，即朗西埃在《政治的边缘》一书中，提到了这个阳性政治和阴性政治的区分，实际上源自卡尔·施米特的《政治的概念》中的 der Politische 和 die Politik 的区分。在英语发言中，朗西埃直接将他法语中的"阳性政治"说成了英语的 government，即政府，在本书编辑德文时，使用了政府（die Regierung）来翻译朗西埃提到的英文词 government，实际上没有完全反映出朗西埃的这个区分。——中译注

有问题，但那时根本不存在政治……当然，当专家治理时，也没有问题，但也不存在政治。政治的基本理念是一种共同资历（geteilter Kompetenz）的理念，它不能在那些注定要统治的人和那些注定要被统治的人之间作出等级的区分。这就是我所谓的民主原则：没有任何标准来区分那些注定要统治的人和那些注定要被统治的人。如果我们反过来理解，这意味着赋予那些没有特殊资历的人以资格，这种资格是每个人都有的。对我来说，这意味着民主原则不是一个特殊政府的原则。它是政治本身的原则。这一原则是对所有那些将政府的运作建立在属于某一特别资历之上的原则的补充。在一定程度上，政治就是政治主体可以让所有人履行平等的能力。对于一个政府来说，这样的主体并不一定存在，但对于政治来说，这种主体是必要的。

对我来说，最重要的是在不平等本身之中的平等的含义。关键不在于规范的分配，以及在规范之外的人；在某种程度上，外部就是内部。政治必须被定义为那些没有特定资格的人的资格。这是最重要的基础，是一种政治辩证法，在某种程度上，失序必须包含在秩序中。我们的政府自己必须获得合法性，成为人民政府，成为那些无权参与治理的人的政府。他们必须宣布平等是他们行动的原则。但与此同时，那些统治者总是试图摆脱这种无序。所以就有了这样的宣言："这是一个所有人的政府"，但同时，它又是由一个寡头政治实施治理的政府，政府通过寡头们的知识、资格等让政府获得合法性。这意味着政治行动不一定是外界的干预：那些不被计算在内的人打断了整个系统。就其政治而言，社会秩序必须在某些地方、某些方面囊括那些无权者的权力，即没有被包括在体制之内的人的权力。我从未说过，政治就是反抗现有秩序。政治颠覆的形式有很多种，并不只有"全球起义"。而这是可能的，因为规范的秩序也必定包含了它自身的矛盾。例如，大革命时期的法兰西共和国的规范秩序必定包含了人权宣言。然后，问题在于：那么，妇女的权利在哪里呢？宣言中没有提到她们的权利。但宣言也没有排斥任何人。从这一点上看，关键在于，你如何阐明治安特有的权限原则和政治的无差别原则。一方面，治安秩序将人们置于国内管辖之下，这是一个从属的领域。因此，他们不能处理共同体的事务。另一方面，有这样一种平等宣言，它不能有任何排斥原则；因此，为平等而斗争的妇女有可能说："作为女人，我们也是人。"在法语中，"人"（homme）这个词是模棱两可的，既是包容，又是排斥。妇女可以说：作为妇女，我们可以撰写一份女权宣言。而当她们写这个宣言时，又是抄袭了"（男）人权宣言"的。一方面，这是一种颠覆的形式，但同时它又是从文本的字里行间抽取出来的，而这个文本应该是社会的规范秩序的基础。这将是我对平等的回应，也是对平等如何在政治和政治的行动中实施的回应。准确地说，政治中的行动，就是通过某种方式，抓住政治秩序的内在矛盾。

霍耐特：我能理解你的观点，但我不确定这种说法是否能说服我。这个策略是说，无论何种政治秩序，都有一个平等主义思想，它甚至可能是政治的最基本的组成部分，这种思想必须描述出人类的构成。

朗西埃：不是什么构成了人类，而是什么构成了作为这些政治共同体成员的人类。当然，它也或多或少地与人或人的一般概念有关。我的主要观点是，只要人是政治性的，它就必须依靠平等原则。

霍耐特：我想我不认为人们会把这称为平等。我同意，所有类型的政治秩序都必须为纳入政治共同体的那些人提供某种描述或合法化规定。一般来说，正如我们所谈到的那样，通过决定让哪些人被排除在外，共同体才能发挥作用，因此它们必须界定哪些人是被纳入政治共同体的人。而描述那些被包括在共同体内的人的常规方式，特别是在朗西埃提到的情况下，即治安情况下，是认为这些人具有某些资格，如话语或理性。我想我不认为这涉及平等的形式。对我来说，这只是对该共同体之中普遍共享的东西的定义，而平等的观念会给政治共同体的定义额外添加一些东西：由于我们共享这些属性，如理性或话语，我们应该有——只有这样才能得出结论——对"政治授权"或其他事情来说，亦是如此。

但如果我们不做第二个规范性步骤，我们就不能把平等主义或平等说成是政治秩序的基本特征。我理解为什么朗西埃必须强调这一点，以避免我所说的平等主义的愿景。因为一旦你确定了所有政治共同体都以平等为主要特征的看法，那么你就可以说：每个人都可以利用这种内在平等为参照，并可以使用它来描述他们自己的存在模式与那些根据支配政治秩序的特定规范原则而享有特权的人不平等。因此，在你的描述中，所有的政府、所有的政治秩序在对平等的提及和具体的规范性原则之间都有一定的张力，他们在此基础上对自己的形式或政府进行合法化或辩护；这是一种内在的张力。

我们在这一点上可能有分歧，因为我不认为存在这种张力关系。还有其他的张力关系，我会用不同的方式来描述这些关系，比如说，借助包容的概念和排斥的社会基础。所有类型的政治秩序都必须涉及包容的概念，因此对政治秩序来说，有一个内在问题，即为排斥的形式进行辩护。但我不完全认为必须参照规范意义上的平等理念，朗西埃必须利用这种平等理念来克服不平等。这可能是我们俩之间的一个分歧点。

三、审美模式 vs. 解释学模式

在每位作者对对方的批评和质疑作出回应并进行交流之后，两位哲学家讨论了克里斯托弗·门克强调的方法论比较，即政治学的解释学模式和审美模式。

霍耐特：我不确定，我是否真的信服，在描述统治的政治秩序的解释学模式和审美模式之间有什么差别。我同意在我的描述中存在着某些解释学的因素——雅克·朗西埃自己也可能不会在描述中囊括这些因素。但我不明白它为何会妨碍我在描述中以解释学的方式接近的那个政治秩序，而我的政治秩序也是在一个有保证的感性世界中，或者说统治秩序已经建立在根深蒂固的感性世界上。我觉得非常有说服力的是，现有的规范性原则塑造了我们感知世界的方式，所以我们有了这种感知世界的方式，就能明白社会秩序"就是这样"，是由预先设定的政治类型和规范原则所构造的，这些原则允许为不平等和不对称进行辩护。因此，感知是感性定式的一个构成部分；我的观看也是政治秩序的一个构成部分。在这个意义上，若我们要质疑这种规范性原则的具体解释，也需要质疑我们感知事物的方式。譬如说，这意味着，家庭主妇必须对家庭的社会世界中可感知到的东西作出完全不同的描述，这样，她就可以提出自己的主张，认定现有规范性原则的解释具有误导性，或是不正确的。这总是会产生一种新的感知或描述感性世界的方式。所以我并不完全明白为什么这两种模式之间一定会有矛盾。另一种说法是，我不明白为什么规范性原则或政治秩序的审美模式，我把它描述为一种既定的规范性原则的秩序，它为社会中的不平等和排斥现象提供了合理性的理由，为什么这样一种审美模式会阻止我们看到这些原则背后隐藏的可能的解释。它们是可以被解释的；它们可以被重新利用。审美模式并不排除对这些规范性原则结构进行重新描述。

朗西埃：在我看来，没有审美就没有解释学，因为审美建构了说话人登场的舞台和位置。所以，审美涉及谁能够给出解释。解释的问题涉及谁有能力进行解释，以及他或她在什么方面能够解释。就所涉及的具体言语行为而言，问题不在于，对于一定的社会类别而言，他们是否拥有语言，以及他们是否可以借此来认识自己。问题在于，主体的名字命名了一个言说的位置，而这个位置并不存在。所以，这是那些不允许解释的人的解释。例如，在 19 世纪的法国，当普选权的制定是为了男性而不是为了女性的时候，有一场关于女性地位的重要讨论，许多令人信服的证据被提出来，说如果女性得到了和男性一样的教育，这种教育必须使她们归属于自由平等的人类群体，那么把她们排除在这个群体之外就是荒谬至极。因此，为改善女性的地位提出了许多"科学"的理由。事实上，甚至有一些女性是科学家，她们从科学的角度来论证女性的公民能力。这些论点甚至可以借用治安秩序中起作用的规范性原则。许多支持女权主义的论点借用了卫生学和优生学的话语。但是，将一个现有的原则解释为允许的可能性，或在这个类别中的特有能力，这是一回事；让一个集体主体"有权利"，则完全是另一回事。或者我们干脆让一个女性说：既然有那么多关于女性尊严的科学论证，那么我认为，我就是这次选举的候选人。这是1849 年法国选举时出现的案例[1]：一位妇女决定要成为选举中的候选人。有人不允许她成为候选人，但她仍然要作为候选

---

[1] 朗西埃说的是简妮·德西蕾·德罗婉（Jeanne Désirée Deroin，1805—1894），一位法国社会主义女权主义者；参见：Jacques Rancière, *Proletarian Nights. The Workers' Dream in Nineteenth Century France*, trans. J. Drury（London：Verso，2014），108—110, and especially the epilogue；see also Rancière, *Disagreement：Politics and Philosophy*, trans. Julie Rose（Minneapolis：University of Minnesota Press，1998），41。

人参选。这是真正的颠覆；准确地说，科学的论据，无论有多少，都仍然不够。真正的问题是关于谁能够提出观点，并说出这些论据的含义，从这些论据中可以得出什么结论。这是我的主要观点：谁来解释，我们在政治社会中处于什么位置，作为集体决定之下受关注的人，或成为参与这些决定的人。

四、身份、规范、主体性 *

这些关于政治主体身份的最新思考，让两位思想家回到他们最初的分歧点，即主体性和身份的范畴在社会批判理论和政治理论中所应采用的形式。在这一部分的讨论中，他们重新考察了他们的交锋中最基本的问题，即规范性地位的方法论问题，也即批判理论是否必须明确其规范性假设，或是否需要避免使用规范性语言。他们对规范性的不同态度也为他们二人在批判模式中对社会痛苦和病态等方面的分歧提供了依据。

朗西埃：我没有使用任何正常、常态和病态之类的概念，因为我很不喜欢这样的观点，即目的论就是与自身建立某种良好关系的观念来界定的。我认为这是一种主体模式，是由与自己的良善关系定义的主体模式。对我来说，一个主体首先是一个不断变化的过程。同样，社会关系、人际关系，首先是不断变化的操作。对我来说，提出这种从与自己的良善关系来定义的规范性的观点是相当危险的：它产生了一种为承认而斗争的观点，这是对挫折状态的一种反应。对我来说，问题的关键并不在于病理学，以及如何治疗这种病理学；问题的关键在于，我们在描述或建构一个共同世界的方式上是相互冲突的。当然，我们可以选择其中一种方式，而不是另一种方式。但在我看来，我想说的是，从完善的自我关系、与自己的关系的角度来构建，肯定不是我喜欢的方式。当简妮·德罗婉（Jeanne Deroin）要求成为一名候选人时，她并不需要作为一名候选人来回应一种失望状态或与自己的不良关系。她这样做是为了构建另一个世界，另一种家庭和政治空间之间的关系。同样，罗莎·帕克斯（Rosa Parks）坚持认为，如果她坐在公交车上的那个特殊位置，并不是因为她工作了一天后感到疲惫。而是因为这就是她的权利，也是她所有兄弟姐妹一样的权利。对我来说，这才是问题的关键：我们的问题不是正常和病态；在这里，出现了各种规范之间的冲突，或者说在两种共同世界的构成方式上的冲突。

霍耐特：我不确定我是否想继续讨论病理学概念的地位问题。在我的思考中，病理学的地位是非常具体的，我甚至不确定它是否与我们在这里的讨论有关。我不会把一个在自我关系中遭受某种伤害的人描述为一个病态的人。引入自我关系的模式作为不公正形式的参考点的观点，是为了能对政治上因不平等或不公正的制度产生的各种不同类型的痛苦作出解释。这意味着我必须解释为什么人们在受苦。我认为朗西埃还必须解释为什么人们因被排斥在政治秩序之外而遭受痛苦，这种政治秩序安排——根据他的描述——成为一种平等的秩序，但其自身的现有原则，意味着它将一部分甚至大多数人排除在政治共同体之外。我们必须解释为什么这种状态会带来痛苦。我们不能将它仅仅当作一种简单的、可以从现象学上描述的情况。我们必须在主体性和政治秩序之间建立一座桥梁。而在这里，在我的思维方式中，是通过引入自我关系作为参考点来实现的，允许我在社会和政治秩序的形式与现有主体性的形式之间建立一座桥梁。我的核心思想是，能够对不同形式的痛苦作出解释。病理学的概念，再次成为一个十分艰涩的问题。

我可以回到朗西埃重新描述的爱的问题上。我想长话短说。我发现这个描述非常具有启发性。我不确定朗西埃是提出了一个还是两个观点。让我描述一下我认为是两个彼此独立的观点。第一个观点是关于诗意的想象力，它是所有爱情关系的基础。你谈过这一点。即使从温尼科特出发，我们也可以把这种想象力看作所有爱情关系的基本要素，因为对儿童、对婴儿的爱已经从一个虚构统一体开始。在这个意义上，我们可以说，所有的爱情关系都滥觞于多重关系的审美虚构，是对一些可表达的特征的诗意虚构，是一种审美虚构。这种虚构是关于被爱的人，关于另一个人的虚构；它是一种虚构，而这种虚构在一定程度上是关于统一的虚构。这就是第一点。

另一点是，每一种爱的关系都是将各种关系联系起来的关系（我发现这个观点非常有趣，我不得不说，我对这一点认识不足）。在所有的爱的关系中，我们不仅与一个人打交道，而且与一类人打交道。你也可以从精神分析的角度重新描述它。但我想说的是：当一开始的诗意或审美小说形式并没有被爱人所"接纳"，爱的关系就陷入了病态形式——我用的是这个词。如果仍然存在着这种诗意小说，那么就会有某种倾向，我称之为爱的病理学。我想我在这里与普鲁斯特是一致的，他也会同意这种说法。如果没有那种小说式的挫败感，那么就没有对另一方的独立性的承认，在这个意义上，从来没有一种"圆满"的爱的关系。但这是另一种病理学的概念。我只想同意这样一个事实：我自己在使用这个词汇，当有人在使用它时，我并不紧张，而且我也是在参照社会的所有状态来使用它，而不仅仅是个人的状态，即使在我刚刚重构的案例中，我提到了一种主体间的关系。无论如何，我在这里的主要观点是，在朗西埃的理论中，就像在我的理论中一样，必须有一个关于痛苦的参考。他自己使用了苦难这个词。我自己不会把它归于他的写作，但实际上，在你那里也可以找到它。

朗西埃：并不是这样……

霍耐特：是的，但你仍然在使用它。在引入"苦难"这个词时，你难道不需要自己在政治秩序和个人心理之间建立一种非常宽泛的关系？

朗西埃：好吧，我恰恰不喜欢从这些方面思考政治与主体性的关系，因为我的看法是，政治主体不是一个苦难主体。政治主体是一个创造；一个没有自我的创造。政治主体没有自我，所以你无法从创造这个主体的个人苦难中，来解释政治主体的构成。在这个意义上，这和普鲁斯特的论点是一样的：你无法从个人的需求、挫折和经历中来思考小说的构成。这就是我所说的主体化的过程（而所指的是"消除身份"的过程）。对我来说，特定状态下的个体苦难与主体的构成之间判若云泥，毫无联系。这也意味着，这不仅仅是一个苦难的问题；这也是一个不同宇宙的构成问题，这些宇宙的构成让那些进入这个世界的人，具有了不同的感知状态和不同的能力。对我来说，重要的是肯定性的方面：我们在一个并非为我们表演而设计的舞台上表演。我们不必在这个舞台上表演我们的苦难，让其他人看得到我们的苦难。正如我曾说过，这就是为什么对我来说，极为重要的是，不存在于一般性的主体理论，而你可以从这样的理论中，推理出政治中的主体是什么。

霍耐特：我不太同意这个说法。我看到了政治的过度心理学化的危险。我也同意，在朗西埃那里，政治行动——我将部分地采用这些术语和说法——也许应该更好地描述，并非参照现有的政治秩序，而是对政治秩序和现有社会秩序的阻断或干预。但鉴于朗西埃把现存的政治秩序描述为治安模式，他不得不以某种方式把苦难概念涵括于其中，这意味着，他如果不谈那些不在其中的人的实际苦难，就无法对政治秩序作出完整的描述。在我看来，朗西埃没有向我们给出对这种关系的更细致和严格的说明。仅仅说存在着误认，让一些人没有被计算在内是不够的。我们必须补充说，被计算在内的人也受到影响；否则，我们不清楚他们为什么要这样做，为什么要进行"消除身份"和经历"主体化"的过程。成为政治主体意味着克服不可计数的被排斥主体的地位；但正如我常说的那样，要克服这种状态的动力必须来自某种苦难，因此这也是朗西埃和我正在描绘的政治秩序的一部分。在我看来，这里需要增加一个额外的解释因素。

五、苦难和政治

朗西埃：当我说政治以平等为基础时，这意味着平等本身不纯粹是一个消极的原则。没有理由让一些人统治，而让另一些人被统治。在某种程度上，这定义了从所有不平等关系中解放出来的政治主体。在这个意义上，平等似乎仅仅是偶然的，而政治似乎是在统治的偶然性上，而不是在从某种资历出发来证明统治的合理性基础上构建的共同体形式。但另一方面，可以弥补这些缺失和缺陷，因为有可能让某些人不具有的特定能力转化为一种新的能力。我的看法是，存在着一种能力概念，其中包含着潜力，这种能力就是所有人的能力，而所有人的能力正是在这种能力名义下去发挥作用，这并非特定的教师、医生等身份的能力。这个看法是一种否定性的规定，同时也为探索所有人能力的潜力开辟了一个空间。确切地说，以所有人能力的名义去行动，对那些没有具体能力的人来说，究竟意味着什么呢？在某种程度上，你在艺术中也有同样的辩证法。在艺术中，并非作为艺术家的能力，而是作为所有人去做事的能力问题。在政治中，我们有可能去探索作为平等者去行动的潜力。在这个意义上，它是一种开放的潜能。但它的益处是不从某些好的自我关系的观念出发进行规范。诚然，它定义了某种无尽的形式，所以，它意味着我们不是从残缺或挫折发展到某种圆满性，而是从不平等和平等的关系出发，试图以某种方式去面对平等，并产生一些效果。这就是我在区分三个术语时所试图指出问题："治安""政治"和"政府"。我说，我们所谓的政治——权力斗争、政府的行动、法律的制定、对集体问题的讨论等等——包含在治安秩序和关于所有人的能力的平等主义原则的分配之间的张力关系之中，治安秩序按照不同的功能和能力，将群体和个人分配在各自的位置上。这意味着政治行动不仅仅是对治安秩序的否定性干扰。它是一种肯定性的行动，具体地打破了平等和不平等的平衡。它在我们的法律和实践中镌刻着平等的效果。而这些平等的要求，反过来又提出了新的政治斗争和行动。

斯蒂凡·戈泽帕特（Stefan Gosepath）提出了与此相关的另一个问题，即主体化究竟是一个个人过程，还是一个集体过程？他指出，霍耐特总是通过个人和社会之间的对立，以二元论的方式思考主体化问题。对我来说，主体化是什么？我如何思考那种客观标准，即通过整个客观标准，可以让我们将个人和社会合并起来思考？霍耐特从个人苦难和社会病理学方面阐述了这个问题。对于这个问题，这是否意味着必须把人民作为一个整体来思考，我想说的是，恰恰你没有这样做，你认为一边是个人，另一边是社会，但政治是关于集体主体如何构成的问题。同时，这些集体主体并不是由单一身份定义的主体。相反，他们是由他们所能创造的对既定世界的重新分配来定义的。同样，我不认为把苦难作为一个起点，会为你提供一个规范的平台；它只能给你一个与某种规范的观念相关联的规范平台。众所周知，以苦难为出发点，的确并不代表着我们可以从所有在客观上被给定的东西出发，因为苦难恰恰也是一定情况下的构成。目前，从病理学的角度来解释一切，就是治安秩序的一种倾向。"这里有一个问题，你必须解决它，找到好的解决方案。"事实上，存在着两个世界的冲突，这样，他们试图定义某种病兆，并找到好的治疗方案。准确地说，"有些东西是错的"，错的东西并不能用病理学的术语来定义。对我来说，在病理学的基础上定义错误，就是治安的逻辑。不一定是因为人们在经受苦难，他们才会采取政治行动；政治行动，往往是因为某些形式的断裂是可能的。我认为这是一个重新分配可能性的问题。苦难产生政治是非常罕见的。我们都知道，比如说，苦难社会学家向我们展示的正是一种无法改变的世界。如果你读过布尔迪厄的《世界的苦难》[1]（ *Elend der Welt* ），在某种程度上，苦难总是被描述为无止境的自我再生产。如果我们想对"世界的苦难"做些什么，我们恰恰必须把它从这种作为苦难的特征中去除。换句话说，我认为，如果我们不与社会和

---

[1] 法文版：Pierre Bourdieu, *La misère du monde* (Paris：Le Seuil, 1993)；英文版：Bourdieu, *Weight of the World*：*Social Suffering in Contemporary Society* (Cambridge：Polity, 1999)。德文版：Pierre Bourdieu, *Das Elend der Welt. Zeugnisse und Diagnosen alltäglichen Leidens an der Gesellschaft.* (ZEG, Konstanz 1997)。

个人的苦难话语本身相决裂，我们就无法与苦难的再生产逻辑相决裂。

以不公正为出发点与从苦难出发有着天壤之别。政治和解放的核心是创造出其他的存在方式，甚至包括其他的苦难方式。当我研究解放运动中的工人文本时，很明显，在某种程度上他们必须创造一种新的苦难。在这些文本中，重要的不是来自缺钱、生活条件等的苦难，而是来自某些资格被剥夺的苦难；不是来自饥饿的苦难，而是来自经历一个破碎的时间的现实苦难，如此等等……如果我们在思考个人经验和集体主观化之间的这座桥梁，我想到了木匠高尼写给他一个朋友的信，告诉他必须学会一种新的苦难方式。他推荐文学，因为文学创造了另一种苦难。他建议他的工人朋友阅读浪漫主义小说，例如夏多布里昂的《勒内》(René)，这意味着，无产者必须占有那种苦难，即那些资产阶级出身的孩子们的苦难，他们无所事事，在社会上没有位置，恰恰是因为他们在社会上有地位。问题的关键在于占有他人的苦难，正是通过占有他人的苦难，才能克服现状。如果你遭受饥饿、低薪等苦难，光是摆脱苦难的处境是不够的。你还必须用你的苦难与另一个人交换，在这一点上，这恰恰是一种象征性的苦难，它涉及社会在那些被算作能够承受这种苦难的人和那些不被算作能够承受这种苦难的人之间的象征性的界限。问题的关键不在于是否被计算在内，而是在于你在什么方面被计算在内。在同一时期，关于无产阶级诗人的争论也非常激烈。许多工人在写诗，而所有资产阶级和大作家都对他们说：这很好，但这不是无产阶级诗歌。你们应该创作关于工作的诗，做大众娱乐的歌曲。相反，对于那些工人来说，要做恰恰相反的事，他们写出用崇高形式表达出来的高雅诗意。对那些工人来说，重点恰恰是要接管那些不应该属于他们的高雅情感。这也是他们在政治主体化基础上消除身份运动的一部分。

霍耐特：我简要地说两点。我完全同意你刚才所说的，即从苦难出发，完全不能给出规范性的任何论证。我同意这一点：从苦难出发，最终没有给我们带来任何规范性的主张。我认为，从苦难出发十分必要，因为需要解释，而不是规范性的理由，也就是说，为了解释为什么某些群体确实有异议或开始反抗。我认为我们不能没有苦难的概念，这将使我们能够在政治解释的框架内引入情感和政治的感受。我认为这是我们必须采取的一个步骤，因为没有这个步骤，你就无法描述真正发生的事情。所以，这就是苦难在我的概念体系中的地位。

这使我想到了关于主体化问题的简短评论。我认为不仅在个人方面，而且在共同体或群体方面必须思考主体化问题。但为了达到这个目的，我们必须至少在某种程度上把群体与个人主体共同建构起来，这意味着，我们必须把我们通常认为个人身上存在的那种反应和行动，赋予共同体和群体。这意味着，我们必须认为群体在遇到了同样的排斥时，首先能够有着共同的苦难体验，因此，用你的话来说，要以集体主体化为目标。我将为某种我一直踟蹰不定的政治心理学的需要辩护，因为，这就是我们命名的学科研究所需要的东西。但我们需要这样的东西，就叫它政治心理学吧，为的是能够解释为什么一些群体会在某些情况下反抗。我认为你或许可以回避所有的学科的研究，因为我仍然怀疑你的政治概念是完全从外部构建的。你甚至喜欢把政治以及政治的实施描述为一种例外状态，这意味着……

朗西埃：不，我不认为这是例外状态。

霍耐特：不是吗？我想就是这样。政治的实施是对现有规范秩序的悬置或再现。在这个意义上，它不再是内部的，它可能从对平等的承诺中得到它的动力，根据你的说法，在所有的政治共同体中，它都是内在的。但政治只是从它那里获得动力；政治的实施本身就是规范秩序之外的一个步骤，而你所说的关于这一步骤和政治实施的方式的一切东西，都意味着我们不再像那些政治行为者那样去实现自己的主体化；我们不再是现有社会的成员，我们在社会之外行动。因此，我们必须成为自己的观察者；我们必须将现有的规范秩序悬置起来，因此我以为你会说这种情况是一种"例外"状态——"例外"可能是你无论如何都试图回避的词汇……但我以为你会朝这个方向走下去。

在他们各自的批判形式上，也是在他们各自的政治形式上的"歧义"中，两位哲学家之间的交流落下了帷幕。

第二部分　批判理论的方法：命题

第四章　平等的方法：政治与诗学

雅克·朗西埃

我给这段文字起了个标题："平等的方法"。我知道这个表达听起来有些奇怪。平等不应该是一种方法。平等应该是一个事实——一种有效的关系，或者是一种理想。而方法应该是一套程序，通过这套程序可以产生明确的效果，或者至少是一条道路，人们必须通过这条道路来获得新的知识或新的实践能力。在此基础上，对方法和平等之间的关系有两种常规思路。第一种认为，一种方法并不致力于平等和不平等的问题。它只致力于自己的推进和结果。第二种认为，平等当然是一件好事，但必须有条不紊地处理它。这意味着首先要确定你希望实现什么样的平等，其次要确定有可能实现平等的途径和步骤。

例如，在我年轻的时候，有人告诉我，政治和社会平等当然是一个很好的目的，但要达到这个目的，必须有条不紊地推进。这种说法认为，统治和剥削是整个社会关系机制的影响的结果。遭受这些影响的人之所以被动，是因为他们忽视了支配这一机制的规律。必须教会他们不平等是如何运作的，让他们知道如何能够改变不平等的状况。当然，仅仅知道这一点是不够的。关键是要根据这些知识采取行动，从被动转向主动。但在这一点上，最困难的事情似乎是知道在这门科学的基础上做什么，在什么情况下可以把它变成行动，以及如何做到这一点。有人警告我，那些反抗统治规则的人大多数时候都做错了：其中一些人，即那些被固定在工作岗位的工人，他们对全球社会结构没有任何想法；另一些人，一群小资产阶级知识分子，他们没有理解阶级剥削的具体经验，等等。

在这一点上，关于不平等的科学似乎是一把双刃剑：一方面，它告诉人们，被统治者之所以被统治，是因为他们无视统治的规则。但与此同时，它又告诉人们，这种无知恰恰是统治体制的产物。他们指出，统治通过其主体意识的意识形态镜像，以一种颠倒的方式出现在他们面前，而强加于他们自己身上。因此，这种方法似乎是一个完美的循环。一方面，它指出：人们被固定在受剥削和受压迫的位置上，因为他们不知道这种剥削或压迫的规律。但另一方面，它又指出：他们不知道，因为将他们固定起来的位置，阻碍了他们看到分配给他们这个位置的结构。简而言之，这个观点是这样的：他们之所以在那里，是因为他们不知道为什么他们会在那里；而他们不知道为什么他们会在那里，因为他们在那里。这种理论上的循环导致一种无休止的螺旋式上升：社会科学的拥有者总是领先一步，总是发现一种新的奴役和不平等形式。他们从未停止过在那些自以为获得了科学的人的意识形式中发现一种新的幻觉，一种新的不平等形式，让那些自以为走向平等的人受到其形式的羁绊。他们从来没有停止过证明，当人们认为自己知道什么的时候，他们实际上是无知的；当他们认为自己是主动的时候，他们恰恰是被动的；由于自由的幻觉而受到剥削，等等。在一个不确定的未来实现平等的方法实际上是一种无限期推迟的方法。它是一种无休止地重申不平等的控制，以及那些受制于不平等的人没有能力通过自己的能力获得可以解放他们的知识。它是一种不断地再现有知识者和无知者之间区别的方法。严格来说，这是一种不平等的方法，不断提出有学识的人和无知者之间的划分。

因此，那个统治和无知的循环可以被解读为一种古老叙事的现代进步的版本，这种叙事在柏拉图的《理想国》中首次给出了一个粗略的保守版本，即社会等级制度与灵魂等级制度的同一性问题。现代社会科学无休止地证明了人们为什么保持在自己的位置上。但柏拉图已经以一种直截了当的方式处理了这个问题，使未来的每一种意识形态理论都沦为学术笑柄。他说，有两个原因使工人必须保持在他们的位置上。第一个原因是，他们没有时间去其他地方，因为工作不会等人，这似乎只是一个经验性的事实。第二个原因是，他们有资格，有智力上的配置，他们适合这个位置，而不适合其他地位。因此，在地位和智力配置之间存在着一个完全对等的等式。根据这个等式，作为一个工人的地位需要你除了自己原初占据的位置之外，没有时间去其他地方——这意味着你没有时间在广场上聊天，在集会上作决定，或在剧院里看电影。这就是我所说的感性分配：地位和配置之间的关系，身处某个空间和时间，从事一定的活动，以及被赋予"适合于"这些活动的看、说和做的资格。感性分配是感觉和感觉之间的一组关系，也就是说，在感觉经验的形式和对它的解释之间的关系。它是一个矩阵，是整个组织结构，它界定了什么是可见的、什么是可说的，什么是可以思考的。

感性分配的概念和意识形态的概念之间究竟有什么区别？区别如下：感性分配不是一个幻觉或认识的问题。它是一个共识（consensus）或歧义的问题。为了理解共识的含义，让我们回过来头来看看，柏拉图的论证究竟有什么缺陷。不难理解，当你在一个地方时，你不可能在其他地方。更为麻烦的问题在于，要认识到身处那个位置上的人，的确有确切的资格在那里，而不在其他地方。当然，柏拉图对此有一个答案：他说，后者是一个神话。我们必须接受一个故事或一个谎言：柏拉图在故事中说，上帝在工匠的构成中混入了铁，而在命中注定处理公共事务的执政者的构成中混入了金。柏拉图认为，人们必须要信任这个故事。现在的关键在于，"信任"意味着什么。显然，柏拉图并不要求工匠们得到内在信念，即神灵真的在他们的灵魂中混合了铁，在统治者的灵魂中混合了金。他们能感觉到这一点就足够了，也就是说，他们使用他们的手臂、眼睛和头脑，就好像这是真的一样。而他们的做法更是如此，因为这个关于"适合"的谎言实际上符合他们的现实状况。社会"地位"的排序以这种"好像"的方式运作。在人们的"信任"中，不平等在一定程度上发挥了作用，人们继续根据地位的配置来使用自己的手臂、眼睛和大脑。这就是共识的含义，而且这就是统治的运作方式。

从这一点出发，我们可以理解我们一开始所涉及的不平等科学的含义。这门科学是一门验证不平等的科学，是对那些受制于它的人所进行的验证的验证。对验证的验证让它更加激进，因为它把随口说的故事变成了科学的证明。同样的道理，它将"好像"转化为一种幻觉。柏拉图说，城市应该按照这种方式组织起来，好像灵魂区分的故事是真的。工匠们通过做他们的日常工作这一事实，做得好像它是真的一样。但是，现代社会科学把"好像"的做法变成了他们心中的幻觉，一种意识形态上的错觉使他们忽视了决定他们状况的规律。不平等的方法是从地位分配开始的。有两种方法可以做到这一点：柏拉图使不平等成为一个必须相信的"故事"，以便使不平等成为现实。现代社会科学使不平等成为现实，而平等则是要从这个出发点达到的目标。但这个简单的配置已经是无限地重申了不平等的原则。这就是早在 19 世纪 20 年代，一位名叫约瑟夫·雅克托的法国教师所提出的观点。当时，所有的进步人士都在关注教育下层阶级的目的，以便使他们走向平等，让他们可以在现代社会中发挥自己的作用。雅克托将整个故事反转过来。他说，假装从不平等走向平等的方法，就是永久复制不平等的方法，因为它不断地使无知的人落后于主人。这就是教育学逻辑的偏见：他认为教师的作用就是缩小学识和无知者的无知之间的距离。不幸的是，为了缩小这个距离，他必须不断地恢复这个距离。为了用充分的学识取代无知，他必须总是比无知的人快一步，确定他应当消除的无知是什么。这样一来，不断重复出现了这个体系核心的预设：存在着两种智力，或者用柏拉图式的说法，有两种灵魂，铁的灵魂在黑暗中移动，除非有知道从黑暗到光明的正确道路的金的灵魂引导。知识事实上意味着两件事：一方面它意味着拥有这种或那种具体的科学、艺术或实践，另一方面它意味着占据有学识的人地位的事实。教师的知识也有两种意义：因为他知道语法、算术或任何其他学科，也因而他占据了有学识者的地位。而教师所知道的东西，首先是无知者的无知。无知者的情况也是如此：他知道自己从教师那里学到的东西，他知道如果没有教师的帮助，他就不会知道任何东西。换句话说，他的知识是资格和无资格的具体联系。如果我们把教育学逻辑翻译成社会术语，工匠拥有他劳动的诀窍，他——或者他应该——意识到他在社会中的命运是为"不等人"的工作去实施他的劳动诀窍，而不关心关于社会组织中的一般问题。从不平等到平等的渐进之路就陷入了这种逻辑，这是一种验证不平等的逻辑，或者雅克托所说的固化过程，它将人们应该教育的对象置于无知者（ignoramus）的地位上。

这意味着不存在从不平等到平等的道路。要么有一条从平等到平等的道路，要么有一条从不平等到不平等的道路。一种方法总是对一个预设的证明，只有两个预设：平等的预设或不平等的预设。平等的预设意味着与不平等主义信仰或不平等主义认识的决裂。这个决定的名称是解放。解放是验证不存在两种灵魂或两种智力的决定。智力在所有的运作中都是一样的，它属于每个人。雅克托说，所有的智力都是平等的。但这并不意味着所有的智力表现都有同等价值。这意味着智力在其所有的操作中都是一样的。科学家给出假说，小孩子倾听并观察周围的东西，两者的方式是一样的：他们通过将其与他们已经知道的东西联系起来，来发现他们还不知道的东西。他们的道路不是从无知到知识。它是一条从现有知识到更深入的知识的道路。不平等的方法假定你必须从这一点开始，并试图通过一步一步的努力来达到这一点。平等的方法假定你可以从任何一点开始，并且可以给出多条路径到达另一点，还有另一些不可预测的路径。有多种路径，给出一个人的智力发展的多种方式，但必须首先作出决定：决定一个人能够做到这一点，因为他具有了一种智力，即所有人的智力。解放指的是那个事先确立起来的所有人的资历的分配，并验证这种分配。这不是从无知到知识的道路，也不是从不平等到平等的道路。每种情况要么验证了不平等的情形，要么验证了平等的情形。

雅克托对社会变革的可能性持悲观态度。他认为，只有个人得到解放，才能在一个不平等的社会中平等地生活。然而，与他同时代的工人们试图在不平等的世界中构建一个平等的世界的尝试，颠覆了这种悲观态度。解放意味着你不能等着有人教育你，告诉你关于剥削和统治的体制。这样的体制一目了然。我所说的共识正是指不可能忽视这个体制。社会解放始于不再关注这个体制。不再关注它意味着重新安排他们占据空间和时间的方式。对这些工人来说，解放意味着试图摆脱使他们在自己条件下适当地存在、观看、言说和做事的方式。从他们的文本中首先看到的是，它们尝试着征服无用之物，美学家的眼神，诗人的语言，或闲逛者的时间。这是试图利用他们没有时间去的地方，人们也认为在那些地方他们无事可做。雅克托说，不存在优先的出发点。事实上，异议可以从对日常经验形式中不易察觉的变动开始。法国在 1848 年革命期间，一份革命的工人报纸刊登了一个正在为富人家铺地板的工人在工作时写下的长篇描述。我们可以认为，在革命和反革命力量公开对峙的时候，一份工人报纸会得到更多的关注。但在这个表面上平淡无奇的描述中起作用的恰恰是一种重新描述，一种对日常经验的重新配置，在工人被老板剥削以建造他永远不会住进去的房子的时空里，发明了一个自由和平等的时空。为了理解它是如何运作的，我引用他的叙述中一个简短段落："他认为自己在家里，喜欢房间的布置，只要他还没有完成铺设地板。如果窗外是花园，或者可以看到风景如画的地平线，他就会停下手臂，在想象中向宽敞的视野滑行，以便比邻近住宅的主人更好地享受它。"[1] 歧义滥觞于一种新的信念：木工认为他在自己被剥削的地方就像在家里一样。他比邻近住宅的主人更享受窗户外的风景。在《判断力批判》中，康德对审美判断的无利害性（Interesselosigkeit）作了一个明显自相矛盾的陈述。他说，如果有人问我是否觉得这座宫殿很美，我必须搁置对工人为富人的奢华住所付出的汗水的所有"社会性"的关注，只关注我正在观看的形式。审美判断是无利害的，这意味着它不把它的对象作为知识的对象或欲望的对象来看待。它是一种欣赏外表的能力，由于这种能力与对象的现实无关，所以它完全可以由任何人分享。将

---

[1] "Le travail à la tâche", in: Louis-Gabriel Gauny, *Le philosophe plébéien*, Vincennes 1983, S. 45 f.

审美判断定义为每个人都可以分享的"无利害"判断力，常常被指责为典型的理想主义看法。法国社会学家皮埃尔·布尔迪厄曾用六百页的篇幅来证明这种无利害的判断力否认了社会现实，即每个阶级都有符合其条件的趣味形式。但解放的核心恰恰是一种否定这种现实的可能性，是打破一种社会地位业和一种精神配置之间的联系的可能性。实际上，歧义的实践是从忘记现实的可能性开始的，它有利于外表，对不再是欲望和挫折的对象的结构投以"无利害"的目光。木工所作的描述，赋予了那个所谓的"理想主义"想法唯物主义的内涵。劳动者停止了他的双手的工作，以便让他的眼睛占据这个地方。他那"无利害性"的眼神意味着手的行为和眼睛活动之间的脱节。我们可以称之为审美经验。审美经验不是审美者为艺术而享受艺术的经验。恰恰相反，它是感性的再分配，是柏拉图式的工匠身体的分离，即认为工匠的眼睛应该只关注他手臂的工作。这是一种使用他所不具备的时间的方式。这就是解放的第一层含义：一种平等的体验，是对身体、空间和工作时间的分离的体验。

这种平等的体验具有明显的悖论效果，使工人对剥削"认识不足"。木工的文本非常清楚地阐述了这种解放的辩证法：由于没有主人催促他的行动，木工"相信"他的力量是自己的。他甚至毫不犹豫地把这种信念称为"错觉"，并说出这种错觉的后果。正如他所说："他认为自己只是服从事物的需要，他的解放是如此地欺骗了他。但是，旧社会在那里奸诈地把它可怕的蝎子爪子伸进他的身体，在他的时间之前毁掉他，欺骗他的勇气，而他的勇气是用来为他的敌人服务的。"[1]这时他似乎承认，他所获得的掌控权只是一种幻觉，有助于他当下遭到剥削以及日后的失业。但事情马上就被推翻了：这种反作用，是他重新规划行使他的劳动力量的空间和时间的方式所产生的，是一种新的快乐的来源，是一种新的自由的快乐，在这种自由中，甚至失业也成为一种选择。我引用一下他的原话："这个工人从他的职业的不确定性中获得了秘密的乐趣。"[2]体力上的盈余让他在短暂的时光里具有了支配的权力，让他进一步获得了长时间的自由的盈余，而这种自由的盈余则与整个统治的逻辑密切相关。也就是这个木工为自己发明了一种日常生活的反经济学，在这个反经济学里，所有的预算开支——食物、衣服等等——都是经过计算的，既能最大限度地削减开支，又能优化他的自由。[3]

这就是"歧义"的含义：工作的诀窍和对条件的认识之间的脱节，手的工作和眼睛的运动之间的分离；它意味着工人的身体被肢解，而这个身体习惯于被统治，是痛苦和快乐的平衡中的一场革命。当然，有一点必须强调，即他写下这个"工作的一天"的"陈述"的事实，即他进入写作世界的事实。在这里，美学和政治意味着同一件事。在《政治学》的开头，亚里士多德提出了"人是政治的动物"的名言。他说，人是一种政

---

[1] "Le travail à la tâche", in: Louis-Gabriel Gauny, *Le philosophe plébéien*, Vincennes 1983, S. 46 f.

[2] "Le travail à la tâche", in: Louis-Gabriel Gauny, *Le philosophe plébéien*, Vincennes 1983, S. 47.

[3] Siehe "Économie cénobitique", in: Gauny, *Le philosophie plébéien*, S. 99—111.

治动物，因为他有逻各斯的力量，即阐明正义和非正义问题的语言力量，而其他动物只限于表达其快乐和痛苦感受的声音。我把这句话翻译为：人是一种政治动物，因为他是一种文学动物。现在，众所周知，在传统的感性分配中，人类的主要部分是由发出嘈杂声音的动物组成的，被封闭在仅仅是痛苦和快乐的口头世界里。因此，写一天的工作并不意味着表达工人的快乐和痛苦。它意味着木工肯定自己是一个文学动物。文学动物的力量是感性操作的力量，这是所有正义的最基本的条件：用一种痛苦交换另一种痛苦的可能性。这种交换是通过对文字的占有而实现的，甚至是以一种糟糕的隐喻的形式来交换的：如他写到了剥削的"蝎子爪"。重要的恰恰是这种词语的过度使用：剥削并不是蝎子的爪子。重要的是隐喻的使用，使用那些本不属于穷人日常词汇的用词。这些词——被解放的工人在接触到真正的书籍之前，首先在杂货商用来包装蔬菜的破纸片的随机文字段落中发现了它们。在给一个朋友的信中，这个木工告诉他要阅读"可怕的读物"（schreckliche Lesestoffe），因为他说，"这将使你的悲惨生活充满工人所需的激情，使他们能够挺身而出，对抗准备吞噬他们的东西"[1]。在解放的过程中，首先需要解放的是激情。众所周知。正如自柏拉图以来，激情意味着快乐和痛苦之间的某种平衡。写作和阅读所提供的是一种新的方式，一种人类感受快乐和痛苦的方式。这就是为什么他向他的朋友推荐的"可怕的读物"不是描述资本主义的恐怖

---

[1] Brief von Gauny an Ponty, 12. Mai 1842, Bestand Gauny, *Bibliothèque municipale von Saint-Denis*, Ms. 168.

和穷人的悲惨状况的书。相反，他向他推荐的是伟大的浪漫主义作家的书。这些书讲述了一些人物的不幸，他们的悲哀是在社会上没有地位和职业，生来就没有明确的工作或任务，他们的生活"无所事事"。事实上，这些工人的情况并非如此：他们的痛苦恰恰相反，因为他们在社会上有一席之地，生来就有明确的生活和工作方式，而且无法摆脱这种必要性。但这正是文学的意义所在：用自己的痛苦换取他人的痛苦。而这正是那些工人所需要的：用他们的痛苦换取另一个人的痛苦；使他们的声音不是他们状况的声音，而是任何人的声音，表达任何人的能力，面对能力和无能的社会分配。对于那些"可怕的读物"来说，对于木工工作的劳动时间和空间的重构来说也是如此：那些形式的"审美经验"并不是通过提供明确的信息或传达特定形式的能量来产生效果。它们通过扰乱身体的特定功能和目的，借此来发挥作用。

这种扰乱始于阅读和写作的根本条件，即用来阅读和写作的时间通常是别人用于睡眠的时间。感性分配的核心是白天和黑夜的划分。这种划分是最不容易逃脱的时间区分，是在那些可以和不可以掌控时间的人之间最无法避免的区分。这种区分让那些整天工作的人必须在晚上睡觉，以恢复他们的体力，并在第二天专心回去工作。这就是为什么解放的中心是思想上的决定和体力上的尝试，工人会打破这个循环，若工人无法兼顾二者，他们尽可能推迟上床睡觉的时间，尽可能利用这段时间阅读、写作和讨论，创作工人报纸或诗歌。解放过程的中心恰恰在于对正常工作和休息循环的那种几乎令人难以察觉的打破上，使这些工人既能为未来作准备，又能在当下生活，打破了那些专门从事体力劳动的人与专门从事思考任务的人之间等级制度的缧绁。解放的工人是那些在此时此地为自己构建了一个新身体和新灵魂的工人，他们的身体或灵魂不再专属于任何特定的职业，但他们将不专属于任何阶级的、属于任何人的观看和言说、思考和行动的资格，投入到工作之中。正是这种肯定，将写诗这种表面上无害的做法与创办工人报纸和建立工人合作社、共和派街垒和阶级战争组织的资格联系起来。由于解放需要对感性世界进行重新配置，它否定了手段和目的之间的经典的对立。解放的时代在现在和未来之间不再有任何对立，就像它在生活经验和战略设计之间或在私人生活的发现和集体生活形式的构建之间不再产生对立一样。这就是为什么对一个孤独的木工一天工作的这种明显的平淡描述，在革命时期，在工人日记中处于正确的位置上。工人刊物不是表达工人的痛苦和要求。它是对旧的感性分配的一种突破，这种分配将人类分为两类：一类是只能大喊大叫来表达自己的痛苦和抱怨的人，另一类是能够讨论有关整个社会的正义问题的人；一类是被封闭在所谓的口头文化圈中的人，另一类是生活在文字世界中的人。这是对他们重建自己经验世界的资格的肯定，因此，他们有资格参与社会世界的全球重构。政治资格是审美革命的产物。审美革命不是艺术的革命。它是一场关于这个或那个社会群体可以分享的经验形式和资格分配的革命。那些"审美经验"的形式，那些使用文字力量的形式，并不是通过提供明确的信息或传达特定形式的能量来发挥作用。它们通过扰乱身体的专属功能和目的的方式而起作用。它们并不限定在一个集体的身体之中。相反，它们在共同经验的结构中产生了多种褶皱和空隙，改变了可感知、可思考和可行动的图系（Kartographie）。因此，通过这种方式，它允许对共同目标进行新的政治构建和新的集体表达。审美效果是歧义的结果。这让审美具有政治性，因为政治主体化是通过消除身份的过程发生的。在1848年刊登高尼文章的报纸上所表达出来的"工人的声音"就是工人的声音，他们不再像在统治的逻辑下那样感受和说话，根据这种逻辑，他们作为工人的生活和说话方式证明了将他们羁绊在自己地位上是一种不平等。

*　　*　　*

这就是我所说的平等的验证，一种平等方法的实施：一种重构特定形式的日常感性经验的方法，以便使在任何情况下起作用的平等和不平等的平衡关系遭到倾覆。现在我想强调这个方法的一个主要方面。为了构建出新的目光，木工不得不借用主人或艺术家的特有的视角和目光。为了在一份代表工人声音的报纸上表达他的经验，他不得不用那些在工作中被剥削的人日常生活中的苦楚来交换那些在社会上"无所事事"的文学人士的非物质性的悲凉。他不得不跨越彼此区分经验形式、可见性模式以及语言使用的界限——比如彼此有别的日常经验语言和文学语言的界限，或者区分了不同文学小说、社会、知识和政治言说的界限。也就是说，平等的方法跨越了诸种话语风格

和层次的界限。现在，我的看法是，对平等的验证的前提条件
也是让这一验证富有意义而设置的话语的条件。它必须验证平
等本身，也就是说，它必须拒绝将自己置于与它所面对的话语
不同的话语风格或层次当中。它必须践行我所谓的知识的诗学
（Poetik des Wissens）。

　　知识的诗学并不意味着所有的知识都是纯粹的虚构。它与
任何种类的怀疑主义或与真理有关的相对主义无关。相反，它
意味着，为了处理话语的真理，我们必须放下科学家的立场，
将自己的描述和论证重新归入共同语言和共同思维能力的平等
关系之中，即人们一起发明故事和论证的共同能力。这意味着
我们必须撤销在科学话语中运行的不平等逻辑，也就是说，在
那些声称要使这些叙述有意义的学科的话语中。对这些学科来
说，"理解"一种话语意味着"赋予它的意义"或解释它。社
会学家或社会历史学家通过抓住解释者的叙述，削弱了他的平
等主义表现。他们取消了注视和解释者的手之间的区分。他们
用另一种非平等主义的方式取代了它：他们在木工的话语和它
们的意义之间，在它们的原始物质性和它们所表达的社会状况
之间划出一条隔离线。这样，他们否定了这种话语对其自身意
义的占有。例如，社会历史重述了平等主义的操作，通过这种
操作，木工重新规划了他工作中涉及的地位和劳动。他把它解
释为他那个时代的工匠们的暧昧处境和矛盾意识的表达。文
化社会学则解释说，他借用作家的写作和他们人物的感受的
方式，是他被主流文化的形式所束缚的标志。它把"无利害
性"的目光变成了一种哲学和小资产阶级的幻觉，只能欺骗可

怜的木工等等。然后，学科话语恢复了使用语言的两种方式之间的界限：一种是用语言来表达一种情况，另一种是用语言来解释这种情况是什么，以及为什么它以这种或那种方式来表达自己。他们恢复了语言的两种用途、两种智力和两类灵魂之间的不平等的预设。他们这样做并不是出于一种恶意。他们这样做是因为不平等的预设是他们行使权利的条件。为了他们自己的有效性，他们想要的是柏拉图为了良好的社会秩序而想要的东西：组成社会的身体拥有与他们的空间和时间、与他们的处境和地位相适应的感知、感觉和思想。为了确立自己作为科学学科的地位，它们必须从普通思想和普通语言的结构中切入，将其分成两部分：一边是作为科学"对象"的思想和语言模式；另一边是作为科学描述和论证形式的思想和语言模式。实际上，一门学科不仅仅是对一个领域的开发，以及对专属某个领域或对象的一套方法的界定。学科之间的划分首先是一种说法，你不能去那里，除非你有资格这样做。它在可感知和可思考的景观中植入了有资格或无资格的预设。所谓学科之间的分工，实际上是一场战争。它是一场确定边界的战争，从战略边界开始，把有学识的人和无知之人区分开来。

因此，知识的诗学是一种"非学科性"思维的实践。它拒绝"学科性"的逻辑，拒绝它在领域、对象和方法上的所谓专业化，拒绝预设了"知道"和"不知道"之前的区别。知识的诗学从平等的预设出发。平等的预设并不要求所有的话语都具有同等价值。它宣布有一种不属于任何特殊群体的思考资格，这种资格可以归属于任何人。因此，有一种方法可以从这种资格的角度来看待所有形式的话语。这意味着，没有任何积极的边界将社会学领域与哲学领域分开，或将历史领域与文学领域分开，等等。所有学科都争论说，它们有自己的对象和专属于该学科的方法。知识的诗学对此的回应是：你的对象属于所有人，你的方法就应该属于任何人。它们是由叙述和描述组成的，这些叙述和描述的语言是所有人的语言，是与所有人的智慧相关的论证。这也意味着，没有任何积极的边界将构成科学话语的文本与那些仅仅是科学对象的文本区分开来。最终，没有一个积极的边界将那些专门从事思考的人和不适合思考的人区分开来。我们所面对的是"文学动物"的不同表现。为了使它们有意义，重点不是"解释"它们。它制造了一种语言结构，在其中它们可以体验到与不同历史背景下不同领域有关的其他活动之间的平等的联系。这就是我决定要做的事：制造一种诗性的写作结构，它并不能与哲学或历史、科学或文学相提并论。我所面对的材料是由工人的小册子、诗歌、信件和叙述组成的。我决定将这些文本从社会历史的背景中提取出来，在社会历史中，它们被视为某种工人文化的表达。这些文本涉及工作、时间和空间、声音和语言、可见性和不可见性等问题。它们面对的是资格和无资格的问题，是谁能够或不能够决定工作和共同体的问题。因此，它们是关于在感性分配和介入这种分配时的各种叙述、陈述和论断。因此，它们可以与其他时代和其他背景下从文学或哲学文本中所使用的其他叙述和其他介入联系起来。柏拉图曾指出，工匠必须留在他们的位置上，因为工作不会等待他们。他解释说，这些工匠必须这样做，因为他们天生就有适宜于这种生活的资格。19世纪的工人则写到，他们可能还是不可能逃离时间的羁绊，以及工人生来就该过的那种生活。毫无疑问，柏拉图和那些工人并没有生活在相同的时间和相同的社会，他们所面对的也不是同样的工作。然而，我们可以提出这样的假设：他们正在面对一个共同的问题，即条件和资格之间的关系，身处一定的时间和空间与认为某些人有资格和无资格之间的关系。通过跨越不同时代、风格和层次的差异，就很容易证明这一点。这是一种平等方法的体验，它把哲学家的文章、诗人的诗句、历史学家的叙述和工人的文章从它们"各自专属"的领域和地位中牵扯出来，并将它们视为一场言说生命体的表演，即对一个言说的生命体而言，平等意味着什么。知识的诗学需要有这样的境界：即使是不平等的陈述也必须以平等主义的方式来表述。柏拉图式的关于灵魂不平等的陈述就是这样。它必须被当作一个故事来讲述。在《斐德罗篇》（Phaidros）中，柏拉图曾指出，正是在我们谈论真理的时候，我们才必须说出真理。也正是在这里，他讲述了一个最离谱的故事：他告诉我们，前提条件的等级取决于灵魂的等级，而这种等级取决于他们各自在真理的大地上旅行时跟随神圣战车和领略神圣之美的资格。看得多的人，成为了哲学家或国王的身体，看得少的人，成为了工匠、农民或智者们的身体。这样一来，社会等级就等同于知识的等级。但是，这种专横的规定，这种决定了条件、身份和资格分配的等级关系，恰恰只能在废黜了所有等级制度的言说风格中来讲述，这个言说风格是由最"无知"的人实现的，即讲故事的风格。一旦涉及真理，尤其是真理与社会等级的关系时，所有的话语风格和层次的等级制度都被废黜了。

这让我回到了之前的起点：在走向平等的未来的过程中，我们无限期地复制不平等，也就是说，在历史上，解放的思想和实践与判若云泥的统治和解放的思想相融合，并最终受制于这些思想，这种思想让解放成为一个全球发展进程的终点，只有那些知道社会演变逻辑的人，以及知道如何将这种知识付诸实践的人才有资格处理这些问题。在此基础上，解放不再是创造出新的资格。它是科学对那些虚幻资格的承诺，而这些资格不过是他们在现实中毫无资格的另一面而已。然而，科学的逻辑本身就是对承诺的无止境的推延。向我们承诺自由的科学也是全球发展进步的科学，其效果是无止境地产生科学本身的无知。这就是为什么科学必须不断地揭露欺骗性的形象，揭开自欺欺人的虚假形式的面具，这些欺骗只会使每一个人更多地陷入幻觉、屈服和痛苦的囚笼之中。

可以说，这种科学的承诺的情景是另一个时代的情景，这种情景在1989年之后就戛然而止。有人告诉我们，我们生活在一个后现代时代里，在这个时代，对统治的批判以及革命承诺的叙事，已经与所有现代主义的情景和幻想一起终结了。不过，在1989年，制度的死亡变成了解放的承诺，它与对统治体系产生的幻想的无止境的批判联系在一起。它是平等的承诺，与永恒地再现不平等的方法相联系，而不是方法本身。这个方法本身仍然在起作用。有人日复一日地告诉我们，全球统治体系是如何控制我们并欺骗我们的；有人日复一日地告诉我们，自由和平等的幻觉如何掩盖了全球资本主义统治的现实；有人日复一日地告诉我们，那些控制我们身体和思想的权力和生命权力的技术正在日新月异；有人日复一日地告诉我们，奴役着所有人的全球市场法则正在推进着消费的狂潮；有人日复一日地告诉我们，如何将所有现实变成梦幻般的景观帝国等等。这就是滥觞于 20 世纪 60 年代的西方批判和进步思想文化中的主要问题。当时，这些问题为那些挑战体制的人提供了斗争的武器。在此期间，这些问题已经与所有解放的领域渐行渐远。对于那些无知之人来说，他们已经被彻底褫夺了通过知识获得解放的承诺。相反，它越来越倾向于告诉我们，为什么解放是不可能的，为我们描绘了一个统治力量无所不在的世界，一个由自恋者组成的世界，他们的欲望，甚至是抗议和反抗的欲望，完全被卷入了统治的机器之中，被改造成臣服的工具。对统治的批判最终变成了对解放的批判。最后，对社会体制的革命谴责变成了对即将发生的灾难的世界末日预言。在所有的变革和逆转中，该方法的核心仍然是一种不平等的预设，该预设将一个无知的世界和极少数知道如何走向新社会或即将到来的末世灾难的人之间彻底分开。

当然，我并没有否认今天所有统治机器拥有着强大的力量。我也并非提出面对未来的乐观态度，来应对这种世界末日的悲观情绪。我的看法是，任何抵制它们的尝试都是从拒绝不平等方法的预设开始的：有一种预设，即认为全球发展进步，将政治体系作为一种虚构体系，简而言之，这是一种不平等的预设。世界末日的悲观情绪是全球进步发展信仰的结果，它最终揭露了一个隐藏的真相。这就是为什么平等的方法没有提出未来的反—模式。它没有构建一个末日，来展现如何从现在过渡到一个众所周知的结局。相反，它坚持在进步发展的每一个阶段上，存在着不同工作的分工。不存在可以自我创造的机制和吸收所有反叛能量的全球进步过程。相反，只存在着各种不同形式和场景的歧义。每一种情况都可以从内部破解，在不同的感知和符号制度中重新配置，改变可以看到的东西和可以思考的东西的景观，以及有资格与无资格的感性分配。平等的方法在任何时候都在发挥作用。诚然，它没有承诺一个明确的未来。但新的地平线并不是由未来的规划来确定的。恰恰相反，正是从现在工作的分工中，从平等方法的创造中，才能浮现出不可预知的未来。

第五章　社会蔑视的两种解释：认识上的承认与道德承认之比较[*]

阿克塞尔·霍耐特

在哲学史上，这样的情形并不罕见，即对同一个关键经验的理论阐述，尽管存在共同点，但在关键细节上却充满差异；而且，每次都会产生这样的问题：若仔细检视，这些细微差异究竟只是掩盖了更深刻的分歧，还是反而成为天衣无缝的相辅相成？可以用来说明这个问题的一个过去的例子是休谟、斯密和卢梭之间的争论。他们都注意到了人类对"内在观察者"的依赖，至于如何恰当地解释和评价这种依赖性，他们则争论不休；他们都坚信这种内心的声音应该被理解为公意内化的结果，但他们对由此产生的后果的评估则各持己见：两位英国哲学家在个体任由社会环境评判这一情形中看到了一种主体的规范性自我控制的条件，而卢梭在其中首先看到的是个体之本真

---

[*] 我想对克里斯蒂娜·莱波德（Kristina Lepold）提出的宝贵意见和修改建议表示衷心的感谢。——阿克塞尔·霍耐特

性丧失的危险。[1]因此，这个例子揭示了这样一种情形：两种哲学理论从同一种观察中产生，但在阐释过程中，它们之间的裂痕越来越大，最终兵戎相见。

我接下来要讨论的问题涉及现在的一个类似案例，但其影响要小得多。我的分析的出发点是，观察到最近的社会承认理论和米兰达·弗里克最近提出的"认识上的不公正"（epistemische Ungerechtigkeit/epistemic injustice）概念，都以一种显著的方式从相似的、密切相关的关键经验出发。[2]一个看法是，将这两个理论结合起来，并在它们之间建立起精神上的亲缘关系，即那些在社会中处于下层和弱势地位的人也经常受到某种居高临下的、蔑视的和羞辱的对待，这必须被理解为一种不公正。在承认理论中，用"蔑视"和"不尊重"等概念来描述这种社会事实，意在表明缺乏社会承认；在"认识上的不公正"概念中，则用诸如"物化"或"边缘化"等概念来表明一种类似的不利处境。也许甚至可以更进一

---

[1]参见：Axel Honneth, *Anerkennung. Eine europäische Ideengeschichte*, Berlin 2018, Kap. II und III；Dennis C. Rasmussen, *The Infidel and the Professor. David Hume, Adam Smith, and the Friendship that Shaped Modern Thought*, Princeton 2017。

[2]Miranda Fricker, *Epistemic Injustice. Power & the Ethics of Knowing*, Oxford 2007. 这两种方法之间的理论关系经常成为分析和尝试调解的对象。参见例如：*Feminist Philosophy Quarterly* 4（2018），4, Special Issue: Epistemic Injustice and Recognition Theory, hg. von Paul Giladi und Nicola MicMillan；Matthew Congdon, »What's Wrong With Epistemic Injustice? Harm, Vice, Objectification, Misrecognition«, in: *The Routledge Handbook to Epistemic Injustice*, hg. von Ian James Kidd, José Medina und Gaile Pohlhaus, Jr., London 2017, S. 243—253。

步断定这两种理论的出发点都是观察到处于下层的人或群体
不仅因缺乏物质产品和行动选择而受苦，而且更多的可能是
由于拥有社会权力的人对他们的尊重和重视不足而受苦。就
此而言，这两种理论肯定都有一个共同点，那就是轻微并谨
慎地认为"道德"优先于"食物"，以颠覆布莱希特的著名
表述。[1]

我现在感兴趣的是，对这一共同的初始观察的非常不同的
阐述，究竟是让这两种方法之间相辅相成，还是让它们徒劳地
并列。我将以这样的方式来讨论，首先我将尝试找出两种理论
中分析蔑视这一社会现象的概念方法的差异；两种理论的方法
差异甚大，以至于这两种方法之间富有成效的合作至少会被认
为是可疑的（一）。在第二步中，我会考察，为何社会蔑视在
我们这个或多或少还是自由民主的社会中产生并持续存在，而
这两种理论各自又提出了何种解释来理解这一现象，这种考察
让两种理论之间的关系看起来更有益一些；米兰达·弗里克就
这一问题提出的建议是非常有前景的，并且如果稍作扩展，也
可以被纳入承认理论（二）。然而，两种理论都要用规范性建
议来对抗社会蔑视之恶，当我在第三步开始考虑规范性建议
时，上述积极印象就会稍稍恶化；初看之下，德性伦理学和规
范性社会理论似乎是如此不可调和地相互对立，以至于很难
看出这两种方法能以一种富有成效的方式相互补充（三）。然

[1] 在布莱希特那里是："先填饱肚子，再谈道德"（ders.，»Die
Dreigroschenoper«，in：*Gesammelte Werke*，Bd. 2，Frankfurt/M. 1967，S.
393—497，hier：S. 457（»Dennwovonlebt der Mensch？«）。

而，最后在第四步中，我想表明，根据再一次总结并深化的差异，两种方法的弱点和缺陷都暴露出来了，这些弱点和缺陷只有借助各自的对立面才能被消除；因此，在文章的最后，我将尝试勾勒承认理论和认识上的不公正概念结合在一起的可能性（四）。

一

尽管这里要比较的两种理论在其最初的经验内容上可能是一致的，但它们的理论阐述却分歧很大。差异始于这种情形：最初观察到对社会弱势群体的长期蔑视，与完全不同的受影响群体之间的联合有关。至少对于我提出的承认理论版本而言，它关于被社会蔑视和羞辱意味着什么的看法，首先是从"阶级的隐性伤害"（hidden injuries of class）[1]中获得；我从历史研究中获得了社会蔑视概念的第一个说明性材料，这些研究表明，在很长一段时间内，资产阶级认为工人阶级在道德上是不可靠的，在认知上也几乎是无能的。[2]但是，当米兰达·弗里克谈到认识上的不公正时，她眼中的社会群体最初是完全不同的；她关于被社会蔑视和羞辱意味着什么的想法最初是从女

---

[1] Richard Sennett / Jonathan Cobb，*The Hidden Injuries of Class*，Cambridge/UK 1972.

[2] 巴林顿·摩尔（Barrington Moore）关于"不公正"的研究提供了一个重要推动，参见：ders., *Ungerechtigkeit. Die sozialen Ursachen von Unterordnung und Widerstand*，übersetzt von Detlev Puls，Frankfurt/M. 1982。

性经验中获得的，在与来自男性方面的日常交往中，她们被信任的认知可信度较低。[1]

　　然而，这些被作为例子来参考的群体之间的差异并不十分明显，因为根据社会和历史情况，这些非常不同的群体毋庸置疑都会遭受各自当权阶层的傲慢、蔑视和贬低；与时间和地点完全无关，在所有被仔细检视的蔑视情形中，社会机制和心理后果大致都是相同的。然而，就这两种方法的理论关系而言，更重要的是它们在哲学渊源上的差异；当然，在这里，我们必须走得更远一点，以便能够充分阐明这种强烈的对比。众所周知，新近的承认理论[2]将其起源归功于这样一种尝试，即在黑格尔实践哲学的帮助下重构上述工人阶级遭受的不公正经验；其观点——个体只有作为"被承认的"存在，才能知道自己属于一个道德共同体——使我能够把对社会蔑视经验的反抗解释为一种为了承认而进行"斗争"，这种斗争是由个别主体或集体主体为了被视为一个社会的平等成员而发动的。[3]通过这种形式的挪用，我给予了黑格尔的承认学说一

---

[1] 参见弗里克提到的根据派翠西亚·海史密斯（Patricia Highsmith）小说改编的电影《天才雷普利》(*The Talented Mr. Ripley*) 的例子。(Fricker, *Epistemic Injustice*, S. 14 f.) 她的另一个例子来自哈珀·李（Harper Lee）的小说《杀死一只知更鸟》(*To Kill a Mockingbird*)，其中涉及非洲裔美国人主人公缺乏可信度的问题。(ebd., S. 23 ff.)

[2] 当我在下文中谈到"承认理论"时，如没有另外说明的话，指的都是我自己的这种理论版本；这绝不是要贬低对黑格尔哲学的这一核心要素的其他复兴的重要性。

[3] Axel Honneth, *Kampf um Anerkennung. Zur moralischen Grammatik sozialer Konflikte*, Frankfurt/M. 1992, v. a. Kap. 8.

种转向，比其他阐释[1]更强烈地强调了对承认的需求和为承认而斗争的道德心理学意义；当时，我也同样关心证明黑格尔术语适用于阐明主体的道德经验（几乎没有其他哲学家的术语能做得到这一点），这些主体由于他们的某些特性而不被社会其他成员承认为正式成员。由于这一策略，我能够提出一个概念框架，将特定的相互承认形式以及特定的蔑视类型和潜在受影响的不同群体分配给人类共同生活的不同领域。[2]然而，处于中心的始终是道德主体，由于其主体间性，只有当它的各种能力得到其同伴的适当承认时，它才能形成完整的自我关系。

尽管乍一看来，我的方法跟米兰达·弗里克的方法很契合，但如果人们考虑到我的承认概念的这种较强的道德心理学取向，那么我们之间的强烈对比立即就会显现出来；在我这里，用某种过于风格化的方式说，是实践主体，但在她那里，是认识主体的社会蔑视经验被置于规范分析的中心。弗里克将其认识模式取向归功于她的哲学来源，即较晚近的社会认识论传统，这一传统在理论上尝试将认识主体置于社会生活过程中，从而消除它在传统认识论中存在的奇怪的资质缺乏；对于这个新女性主义版本而言，这意味着要更加关注在获得知识的过程中，理由的给出和接受是否也可能受到男性权力的影响和

---

[1] 参见比如：Robert B. Brandom, *A Spirit of Trust. A Reading of Hegel's Phenomenology*, Cambridge/Mass. 2019, Kap. 8 und 9; Robert Pippin, »What is the Question for which Hegel's Theory of Recognition is the Answer«, in: *European Journal of Philosophy* 8（2000）, 2, S. 155—172。

[2] Honneth, *Kampf um Anerkennung*, Kap. 5 und 6.

渗透。[1]这方面最雄心勃勃的计划，同时也引起广泛讨论的，
无疑是弗里克的《认识上的不公正》一书。她在研究中主要想
揭示认识实践关系中的两种歧视，首先是对女性的歧视，然后
是对其他受压迫群体的歧视：首先，女性话语参与者在认知上
的有效性要求常常被参与的男性认为不太可信［"证言不公正"
（testimoniale Ungerechtigkeit）］；其次，女性在我们社会
既定的解释范围内阐述其独特经历和困境时遇到了极大的困难
［"解释学不公正"（hermeneutische Ungerechtigkeit）]。[2]
然而，正如上文已简要提到的那样，弗里克并不认为这些认识
上的不公正只影响到女性；更确切地说，在她看来，每一个其
行动可能被其他群体或结构性的给定条件控制的社会群体，都
处于这样的危险之中，即都有可能在其认知能力方面被低估，
或者无法在社会词汇中找到解释学资源来表达自己的困境。

在从弗里克将上述两个事件描述为"不公正"的理由的角
度来探究其方法之前，为了更好地进行比较，我将首先说明到
底哪些社会事实被承认理论视为歧视；不过，我只会作少量的
评论，以免超出必要范围重复我在其他地方已经说过的内容。
按照黑格尔在他的"法哲学"中的方法论策略——我称之为
"规范性重构"，我根据以下情形来衡量对社会承认的期待的
正当性，亦即哪些相互承认的原则在一个社会中已经被制度化

---

[1] 参见米兰达·弗里克与雷·兰顿（Ray Langton）的文章：*The Cambridge Companion to Feminism in Philosophy*，hg. von Miranda Fricker und Jennifer Hornsby，Cambridge/UK 2006。

[2] 关于"证言不公正"参见：Fricker，*EpistemicInjustice*，Kap. 1 und 2；关于"解释学不公正"参见：ebd.，Kap.7。

了；[1] 此外，我也追随黑格尔，假设至少对现代社会而言，在其中确立了三种相互承认的原则，这些原则可根据在每种情形中个人的哪些部分要以承认的方式被考虑到来加以区分：在相互的感情关系中，互动伙伴各自的特殊需要；在社会的法律关系中，个体的责任能力；以及在约翰·罗尔斯所说的社会合作中，单个社会成员的具体能力。[2] 总而言之，这种三重划分的结果是，只要在其中一个领域，相应人格部分的合法的、社会性的正当的承认要求受到侵犯或被蔑视，就会产生质疑不公正和歧视的想法。在这方面，不公正在我的承认理论中以三种蔑视的方式出现，即亲密关系中的需求本性、法律主体之间关系中的责任能力以及合作性劳动关系中的个人能力。

现在，要比较承认理论对社会不公正的阐述与弗里克的认识上的不公正绝非易事；初看之下，这两种方法把关于什么是社会蔑视或虐待的想法建立在如此不同的现象上，以至于似乎完全缺乏研究可能的对应物的基础。然而，如果我们仔细看看弗里克如何描述证言不公正的情形，就会发现与我所列举的第二种蔑视有惊人的相似之处：否认某人在寻求真理的过程中具有作出可信判断的能力和真诚的意愿，非常接近我所说的对一个人的责任能力的蔑视。当然，责任能力显然不仅仅包括认

---

[1] Axel Honneth, »Umverteilung als Anerkennung. Eine Erwiderung auf Nancy Fraser«, in: Nancy Fraser/Axel Honneth, *Umverteilung oder Anerkennung. Eine politisch-philosophische Kontoverse*, Frankfurt/M. 2003, S. 129—224；关于"规范性重构"的程序，参见：Axel Honneth, *Das Recht der Freiheit. Grundriß einer demokratischen Sittlichkeit*, Berlin 2011, Einleitung。

[2] Honneth, *Kampf um Anerkennung*, Kap. 5.

知能力；它还包括为自己的行为后果承担道德责任的能力。然而，这两种形式的蔑视之间存在大量交叉，至少可以说是一种家族相似；这种相似性在于：统治群体不承认个人或群体拥有这样一些能力，这些能力是我们应该不论一个人的社会出身、种族或性别如何而普遍赋予每个人的。相比之下，我所列出的第三种蔑视指的是弗里克在分析认识上的不公正时似乎没有考虑到的一种情况；它关系到这样一些能力，亦即我们不与其他人分享的并且使我们积极地从他人中脱颖而出的能力，因此它们值得尊重，尤其值得社会尊重——在我的印象中，当一个人或一群人被无理拒绝这种尊重性的承认时，在弗里克的分析中并没有为这种蔑视留下一个恰当的位置。

然而，当比较两种方法中在每种情形下什么被理解为不公正时，最大的困难是蔑视的情形，弗里克称之为"解释学不公正"。这种形式的不公正的困难在于，一个人或社会群体遭受的伤害，不能有意地归咎于任何其他主体，无论是个人还是群体：如果我作为一个被压迫的和无权的群体的成员，因为无法在我的文化的语言资源中找到适合的手段来表达我的经验而痛苦，那么就没有什么"肇事者"可以为此负责，而无法将我的困境归咎于他。

当然，在很多第二人称的蔑视情形中，也不存在有意的伤害或损害；正如我们将看到的那样，对待下层人的倨傲眼神或轻蔑态度往往不是主观意愿的东西，而是内在偏见或意识形态的不自觉的流露；当这种形式的蔑视不仅成为个体的习惯，而且已经进入整个社会的制度安排时，我们也可以说这是一种"结构性的"不公正，根本不再能一眼认出其肇事者——
就像今天在提到美国警察的做法时所正确地谈到的"结构性种
族主义"的情形。然而，所有这些不公正的形式仍可归咎于一
个肇事者，尽管是通过长长的因果链作为中介。因此，在这些
无意的和结构性的蔑视情形与弗里克所说的解释学的不公正之
间存在着范畴上的区别；因为在第二种情形中，个人因其文化
的既定状况而受到伤害，根本不存在一个主体与另一个主体的
关系，而这正是我们的不公正概念的特点。乍一看，关于这些
匿名的歧视，不存在严格意义上的蔑视问题，即一个人或一个
社会群体自觉、不自觉地或结构性地被其他行为者剥夺了道德
上应得的尊重。弗里克试图证明，即使在这样的情形中，谈论
"不公正"也是正当的，她将社会的语言理解范围理解为掌权
群体行使其（利益驱动的）解释主权而凝结成的结果；他们对
世界的看法如此强地反映在既定的文化中，以致无权势的群体
几乎没有机会使用现有的表达方式来解释自己的经验。这种文
化状况之所以"不公正"，不是因为它是统治者故意或无意造
成的，而是因为他们持续地容忍这种状态，而不理解被压迫者
的关切：

　　　　社会权力将一种不公正影响施加于集体自我理解的形
　　式之上，理解这一认识论假设的可能性在于，假设我们共
　　享的自我理解形式反映了不同社会群体的观点；那么可以
　　得出结论，不平等的权力关系歪曲了我们共享的解释学资
　　源，因此掌权群体往往拥有适合的手段来理解他们自己的

经验，而无权势的群体却只能像在雾化的镜子中一样看到他们的社会经验；他们充其量只能诉诸一些不合适的含义来让他们自己有所理解。[1]

这里还不是很清晰，我们之后才会看到，由于弗里克将"每种情形中文化理解的可能性如何构成"这一问题作为一种共同责任赋予了每一位社会成员，所以她只能把那种无法为无权势者提供自我理解的语言手段的文化状况描述为一种"不公正"；如果掌权群体对现存文化只反映他们自己的观点和利益这一事实缺乏敏感性，就会导致"不公平"或"不公正"的状况，因为这些群体本可以采取不同的行为。

我的文章的第三步将表明，这种广泛的道德责任概念与弗里克提供的德性伦理相关，这种德性伦理是对她所描绘的糟糕状况的治疗性答案。不过，这里我只对以下问题感兴趣：承认理论是否允许类似的"匿名的"、非第二人称形式的蔑视，就像弗里克用解释学不公正所勾勒的那样。在与南希·弗雷泽的辩论中，我提出了"承认秩序"（Anerkennungsordnung）概念，对这一问题作出积极的回答；它指的是，只要社会互动诸领域遵循相互承认的唯一原则，那么它们就会受到规范性的调节。[2]当基本原则被片面解释为有利于某个社会群体时，

---

[1] Miranda Fricker, *EpistemicInjustice*, S. 148 (Übersetzung A. H.).
[2] 参见我在与南希·弗雷泽的讨论中对这个术语的介绍：Axel Honneth, »Umverteilung als Anerkennung. Eine Erwiderung auf Nancy Fraser«, S. 129—224。

在这种承认秩序中就会出现歧视或蔑视。我用来解释上述辩论中这种"偏袒性的"解释过程的例子是绩效公平原则，它被认为是资本主义市场经济中工资和收入分配存在差异的理由：援引这一合法化原则，某些掌权群体的活动明显更受重视，从而在经济上获得更好的回报，这一事实清楚地表明了其高度片面的解释。然而，由此我发现我比弗里克更难把对无权势群体的相关蔑视简单描述为"不公正"；当然，在某种意义上这些都是"不公正"，但问题是，当它们不是由明确的意愿而是由一种根深蒂固的意识形态造成的时候，应该由谁来负责。这样，问题便可归结为，应该在何种程度上理解道德责任或义务概念，以便将这种社会沉淀的、双方都没有明确意图的蔑视行为定性为"不公正"。不过，在我继续探讨这个问题之前，首先应该在这里简要说明，究竟是哪些规范性的背景假设使得这两种方法能够将被它们描述为蔑视的现象视为"不公正"。

　　这个问题的答案没有人们想象得那么复杂；两种方法原则上都是从同一个前提出发的，根据这个前提，这种蔑视违背了规范条件，而作为认识主体或道德主体，完整的自我关系的实现是与这种规范条件相关的。在弗里克这里，这一论点源于这样的考虑：缺乏"认识上的可信性"通常会伤害一个人，因为只有当她能够假定人们会相信她的表达并赋予其认知价值时，她才能够无拘束地、不受阻碍地参与日常的寻求真理的实践；因此，如果一个人被剥夺了有能力地、可靠地和真诚地参与关于认知有效性要求的话语交流的能力，那么这个人不仅因此被剥夺了其作为人的一个基本条件，而且甚至没有被当作一个完整的人来对待。[1] 承认理论的主要规范论点听起来并没有什么不同，只是在这里，道德主体处于中心位置：如果一个人的某项能力或需求被蔑视，而她根据普遍的承认原则有理由要求得到尊重，那么这种蔑视就损害了她的自我关系的发展，因此这种蔑视必须被视为一种不公正。[2] 两种论证策略之间唯一明显的区别只是在于，继黑格尔之后的承认理论考虑的是不受干扰的自我关系在历史上不断变化的条件，而弗里克显然持另一种观点，即认识上的自信的条件在整个历史过程中一直保持不变。[3] 当然这只是关于两种蔑视理论在范畴结构上的差异的导论，在此我就不多说了；下一步，我将转向另一个问题：在历史事件中，上述社会蔑视规律性地发生，对此两种理论分别给出了哪些原因。

二

区分不同类型的社会蔑视并从规范上证明对它们的批判是正当的，是一回事，而解释使得这种蔑视形式出现并成为一种

---

[1] Miranda Fricker, *Epistemic Injustice*, S. 43—45.

[2] Axel Honneth, *Kampf um Anerkennung* Kap. 6.

[3] 参见马修·康登（Matthew Congdon）的进一步考虑，也强调了这些差异，并更多地借鉴了亚里士多德: ders., »Knower‹ as an Ethical Concept: From Epistemic Agency to Mutual Recognition«, in: *Feminist Philosophy Quarterly*, *Special Issue*: *Epistemic Injustice and Recognition Theory*, Artikel 2。

心理习惯的社会机制，又是另一回事。米兰达·弗里克关于这一任务的认识论方法有一个很大的优势，那就是提供了一个清晰且一致的解释模式，可以很容易地适用于她所关注的那些情形之外的其他蔑视情形。相反，由于特定领域的蔑视类型之间的区别，我专注于为个别情形寻求具体解释这一任务，以致我一直没能提出一种一般性的模式。因此，我将首先简要概述弗里克的解释方法，以便粗略地说明，这一建议似乎不太适合于我所讨论的那些情形。

弗里克在解释认识上的蔑视产生的机制时，首先提出了这样一个论点，即使用定型观念（Stereotype）是所有人类互动中不言而喻的一部分：我们很少在没有相互的背景预设的情况下遇见对方，因为我们各自都是某一社会群体的成员并因此具有某些特征。这种定型观念的归因，有时采取信念的形式，有时采取情感的形式，一般而言，它们是无害的，甚至是具有启发价值的，因为它们为我们提供了一些基于经验概括的信息，即我们可以在多大程度上相信说话者的陈述。然而，弗里克认为，当这种定型观念不再基于那些有助于日常使用的有效概括，而是基于纯粹的偏见时，它们就不再清白无辜了。带有偏见的定型观念是指那些在没有经验支持的情况下，将通常具有负面性质的典型特征赋予某些人群的定型观念。然而，如果这样的身份偏见只以信念的形式存在，就很难解释，为什么它们尽管常常违反更好的知识并因此往往与其他观点不相容，却依然存活很长时间；因此，根据弗里克的说法，只有当人们根据形象想象模式来理解这些定型偏见的特质时，才能理解定型偏见的这种特殊性。[1] 导致一个社会中某些群体的成员长期受到倨傲对待和蔑视的是一些社会想象，它们独立于所有实际经验并在很大程度上对道德教义免疫，它使这些群体似乎受到负面特征的困扰。

目前，这最多表明了社会蔑视是由内化的形象承担的，在这些形象中，某些群体似乎被永久地赋予了否定性的特征，但尚未澄清这种想象在多大程度上也有助于维护社会生活中的社会权力。弗里克用来回答这一核心问题的概念手段是身份权力；它指的是一种权力形式，它利用那些关于社会群体固定特征的形象想象，使一个社会现存的统治结构和权威结构在所有参与者看来是不可动摇的，从而控制社会行动的协调。[2] 弗里克认为，与其他权力概念相比，这个概念的优势在于，只有这样才能理解为什么当统治上的落差和统治地位早在认知上显示其可疑性时，还会被各方心甘情愿地接受；其理由在于，在对既存秩序的合法性已经存在有意识的怀疑的情况下，即使是处于极端弱势地位的人也会接受他们的处境，因为集体特征的"自然化"（naturalisierenden）定型只有在信念门槛之下，即以社会共享的想象的形式，才是有效的："相应地，它（身份权力，A.H.）甚至能够独立于我们的信念而控制我们的

---

[1] Miranda Fricker, *Epistemic Injustice*, S.36f. 进一步追踪这一概念与雅克·朗西埃在谈到根据一种政治统治系统而形成的治安的"感性秩序"时所想到的概念之间的亲缘性，将是一项有趣的任务：ders, *Das Unvernehmen. Politik und Philosophie*, übersetzt von Richard Steurer, Frankfurt/M. 2002, S. 40 f.。

[2] Miranda Fricker, *Epistemic Injustice*, S. 14—17.

行动。"[1]

在我看来，尽管有更好的知识，但仍然会接受不利的观点，对被压迫者和掌权群体来说，都是可以接受的。在这种情况下，第一个群体的成员虽然在认知上认为针对他们的否定性描述不再恰当，但如果这些描述能够在意识的门槛之下成功发挥作用，那么人们就会继续默默地将这些描述用于自身；在历史上，与人们起初的看法不同，这种集体自我贬低的形式并不鲜见，只要想想众所周知的汤姆叔叔综合征（Onkel-Tom-Syndrom）或 20 世纪初许多女性认为自己比男性更软弱、更具依赖性或更易受感情影响的倾向，就会发现这与早就获得的知识相违背。然而，对于后者，即掌权群体的成员而言，违背他们更好的知识而采取行动应该更加困难，因为人们屈从于关于被压迫群体负面特征的形象想象的力量；因为在他们的情形中，不仅是他们自己的认知假设，还有与之内在联系的道德信念也必须被压制——同时，由于在此期间获得的知识，人们也在道德上相信，不再有任何规范性的理由允许人们享受旧有特权和好处。这就是说，违背自己的认知信念可能要比不得不无视自己的道德声音更容易，因为在这种情形中，道德声音会让

[1] Ebd., S.15（Übersetzung A.H.）. 在上一句话中，我有意谈到"归化"定型，以表明在谈论具有归化作用的"意识形态"时，就已经发现了与弗里克的解释类似的说法。vgl. etwa Sally Haslanger, *Resisting Reality. Social Construction and Social Critique*, Oxford 2012; Ian Hacking, *Was heißtsoziale Konstruktion? Zur Konjunktureiner Kampfvokabel in den Wissenschaften*, übersetzt von Joachim Schulte, Frankfurt/M. 1999。因此，在我看来，弗里克的方法的新意主要在于，将这种在意识的门槛之下发挥其作用的意识形态理解为社会共享的想象——类似于雅克·朗西埃的"感性秩序"概念。

人面临良心的谴责。我怀疑，借助社会想象的作用，是否足以解释这种不仅要排除认知还要排除道德洞见的复杂过程；如果没有统治群体的"开明"成员的某种利益作为支撑，激励和促使他们无视所有的道德怀疑，那么就很难理解这些潜移默化地呈现的从属群体的低等形象的效果。

　　与弗里克相反，这种用统治群体的利益来解释诸如白人无知或厌女症等普遍态度的方法[1]，在我看来往往把这种利益放在了一个过于原始的层面；统治群体的成员之所以经常继续以种族主义或蔑视女性的方式行事，通常是出于维护自己的特权和社会优势的动机。另一方面，如果人们坚持弗里克的论点——认为统治群体之所以违背已获得的洞见而继续进行社会蔑视，主要是因为对固定群体的特征存在一种形象想象，那么人们必须借助更高层次的利益，来让他们对这种形象的影响进行的微弱抵抗变得合理化。我的猜测是，这种"精神上的"软弱之所以产生，是因为统治群体的成员渴望找到证据，为他们自己的统治地位辩护；引用马克斯·韦伯的话说，这是一种"也有权利"获得"自己的幸福"的"理想"需求[2]，这可以帮助解释为什么社会特权者和统治者如此容易被社会想象的陈词滥调所诱惑，尽管这与他们的知识和良知相违背。

---

[1] 参见比如：Charles Mills, »White Ignorance«, in: Shannon Sullivan/Nancy Tuana（Hg.）, *Race and Epistemologies of Ignorance*, Albany/NY 2007, S.11—38; Kate Manne, *Down Girl. Die Logik der Misogynie*, übersetzt von Ulrike Bischoff, Berlin 2020。

[2] Max Weber, »Einleitung« in »Die Wirtschaftsethik der Weltreligionen«, in: ders., *Gesammelte Aufsätze zur Religionssoziologie*, Band I, Tübingen 1972, S.237—275, hier S. 242.

　　这样的解释相当于，将掌权者对其所支配群体展现出的社会蔑视解释为——再次使用马克斯·韦伯的术语——"观念"和"利益"相结合的结果[1]；然而，在这种情况下，"观念"将采取想象的形式，这些想象在意识的门槛之下起作用，而且更多的是由形象而不是思想构成，而"利益"将具有更多的认知性质，即旨在为自己的统治地位寻求理由——那么，在被统治者的认知缺陷或道德恶习这一被潜在施加的形象中，就很容易找到这种理由。最后一次使用韦伯的说法，人们可以相应地说，在各种情形中，固定特征被归给某个社会群体，关于这些固定特征的社会想象就像"扳道工"一样决定了掌权者在其自我合法化中的利益可以获得满足的途径；因此，人们毫无抵抗地追随社会上流传的错觉，这些错觉认为无权势者总是不太实诚、毫无原则且道德败坏，因为这让人们觉得自己有很好的理由占有所有的特权和好处，从而感到满足。

　　在我看来，没有什么理由不在承认理论框架中使用这种解释策略，这至少使其中涉及的一些社会蔑视形式变得可以理解。如果人们思考一下为什么某些群体被剥夺了各种权利，或者为什么某些群体的活动被明显低估，那么人们可能会认为这与上述社会统治群体的利益和观念之间的混合有关：如果不是赤裸裸的种族主义或对女性的公开蔑视，即明确表达的信念激发了相应的蔑视，那么在我看来，出于"利益"而非特定思考而采纳社会性的变动的定型观念，这样解释这种蔑视态度是完

---

[1] Ebd., S.252.

全合理的。如果这种态度在掌权阶层的成员中普遍存在的话，那么即使在总体上开明的文化中和批判性的公共领域中，这种蔑视也会呈现出制度性或者"结构性"特征；它渗入公共机关、公司和行政机构员工的行为方式中，形成这里的习俗，改变社会互动的规则，甚至最终反映在建筑和空间的结构中，因此可以毫无疑问地说这是一种"制度化"的蔑视——如美国的种族主义或几乎所有社会领域对女性的"结构性"贬低和歧视。弗里克的论题关注的是这种整个文化符号资源中的长期蔑视：如果一个社会中没有可供某些群体表达其特定经验和需求的语言资源，那么这绝对是一种不公正。这让我回到了之前只简单触及的问题；它至少是这样一个问题，即这里比较的两种理论是否可以将整个文化或制度结构的凝结状态称为"不公正的"或"不公平的"，如果可以的话，又有什么规范性的辩护。

三

　　弗里克将她对认识上的不公正的分析嵌入一种规范框架中，这种规范框架基于亚里士多德的德性伦理学；根据她的说法，她借鉴了亚里士多德的认知德性观，并增加了一些规定。她认为，能够评价他人的认知陈述的可信程度，是知识德性和认知德性的主要部分。[1]我们通常在幼年时期就已经开始的

---

[1] 参见：Miranda Fricker, *Epistemic Injustice*, Kap. 3。

教育过程中获得这种能力，这些教育过程教会我们感知各种提示和信号，告知我们可以在多大程度上相信对方的认知声明；弗里克解释道，随着时间的推移，我们最终就能够概括这些指标，以便能够根据类型化的信息，几乎自动地、不加思索地确定一个人是否具有认知判断的能力和诚意，以及达到什么程度。如果一切顺利，教育过程圆满结束，我们就获得了一种被弗里克称为"德性感受力"（tugendhafte Sensibilität）的德性；它包括内化适当的背景假设，以便能够直接感知是否可以在认知上相信对方。

　　然而，这里勾勒的思路很容易给人造成这样的印象：是否能够获得这一能正确感知认知上的可信度的德性，主要不是个人的责任；因为获得这种能力所依赖的教育过程并不受青少年的控制，而是相反，青少年在很大程度上听从于教育过程，从而依赖于幸运环境的让步。到目前为止，可以说，弗里克根本没有提供一种规范理论，而只是描述了我们可以获得规范的值得向往的习惯之过程——最多可以得出这样的结论：各社群有一定的责任，通过教育和社会举措确保有希望组织必要的教育过程。但弗里克想要的更多，正如我们已经看到的，她希望能够指出，个人有责任形成对认识可信性的正确感知，从而避免按照"身份偏见"的模式作出陈规定型的错误判断。转向规范性使我们能够谈论个人或群体的伦理错误，这种转向源于一种强的预设，即我们都拥有反思性地自我审视的天赋；因此，该论点认为，如果一些人什么都没有做，没有不断地纠正和改善他们对其他主体的认识能力的感知，那么这些人就犯了一个"道德"错误，因为他们没有激活他们人性中的一种基本能力。[1]若这种重构正确了一半，那么这个结果也可以回过头来解释，为什么弗里克会认为，所有成员，尤其是掌权群体都要为整个社会的文化状况负一定的责任；因为，语言文化只反映自己的利益，这导致大部分人无法表达他们的特殊关切，如果没有注意到这一情形则是一种应受到谴责的疏忽，因为我们的本性让我们能够注意到这一点，并进行批判性的质疑和审查。

在这一点上，德性伦理学似乎成了道德义务的具体概念，承认理论和弗里克的方法之间的关系问题现在彻底暴露出来；人们根本不知道应该从哪里开始才能恰当把握两者之间的各种联系和区别。与弗里克的规范性方法相并行，提出以下问题也许是有意义的：人们获得了适当地承认他人的能力，而承认理论是如何描述承认能力的这种形成过程的；在这种情况下，我还希望能够表明，在认识上将他人视为或多或少可信的这一能力，只是在道德承认关系中逐渐训练而形成的"副产品"或次级要素。

与弗里克相似，我也倾向于使用新亚里士多德的道德感知观念来解释学习承认他人的过程。[2]当青少年融入一种社

---

[1] Ebd., S.96f.

[2] Axel Honneth, »Grounding Recognition: A Rejoinderto Critical Questions«, in: *Inquiry* 45 (2002), 4, S. 488—519. 马修·康登 (Matthew Congdon) 对我在这篇文章中试图发展的"适度的现实主义"提出了一个非常有趣的批评；遗憾的是，由于篇幅原因，在这里我无法进行讨论，参见：ders., The struggle for recognition of what?, in: *European Journal of Philosophy*, online unter:〈https://doi.org/10.1111/ejop.12525〉, letzter Zugriff 11. 3. 2020.

会文化时，他们获得的，除了其他能力以外，还有这样一种能力，即感知人们身上被社会视为值得承认的特质的能力；根据年龄和社会类型的不同，人们会形成不同特征，他们学会以这种方式在感知上将其记录为值得他们承认的东西。如果我们遵循已经多次提到的、我和黑格尔坚持的现代社会的三分法，那么这个教育过程应该从训练儿童将与他们关系最近的人视为人类开始，而人的具体需求和倾向渴望得到一种关切性的考虑。无论接下来的时间顺序如何，青少年很快就会在接下来的步骤中学会将其社会环境中的人既视为法律主体，也视为工作主体，他们的能力或成就应该得到无条件的尊重或可分级的赞赏。[1] 然而，这种"承认"感知能力的获得不需要任何夸张的天赋或技能；相反，它几乎是在普通的成长过程中自动形成的，这归功于我们日常形成的观看习惯和理解的习惯——黑格尔认为古代的德性学说在现代性的散文化（Prosaik）面前已经过时了，对他来说，这个形成道德或用他的话说形成"正直"品格的整个过程只不过是"精神的自然史"的一部分。[2]

在每种情形中，这种社会化过程通常以接受一种视角而结束，这一视角使我们能够自发地、无需推理思考地根据我们与他人的承认关系来区分人；一旦出现这种情形，我们就可以和

---

[1] 所有这一切都基于我的三重划分，参见：Axel Honneth, *Kampf um Anerkennung*, Kap. 5。

[2] G.W. F. Hegel, *Grundlinien der Philosophie des Rechts*, Theorie-Werkausgabe Band 7, Frankfurt/M. 1970, S. 199（§150）。

黑格尔一道说，一个人成长为现代社会的"第二自然"，并成功地将其"伦理"习惯内化到他们的感知系统和动机系统中。然而，明显的蔑视以及违反有效的承认秩序的臭名昭著的案例屡屡发生，这就必须像上文那样，要么解释为"利欲熏心"的无知在制度上的沉淀，要么解释为一种持续存在的（次）文化，在其中，完全不同的承认模式在社会化过程中一直延续到今天。在第一种情形中，支持的阶层，即那些为建立持续蔑视贡献颇大的阶层，更有可能来自社会掌权群体；在第二种情形中，支持的阶层则来自在社会经济上被边缘化的群体，并因此在文化上也未被纳入的群体。当然，这里并不打算再次展开讨论这种社会学问题，这里要处理的问题是，上述"感知的"承认概念在规范方面会进一步产生什么后果。

在上文中，我指出的弗里克在声明上的不公正非常接近于我所描述的"蔑视一个人在法律上的责任能力"这一情形（本书第141—142页）。[1] 然而，如果我们仔细研究一下这种特殊的类型，我们也许可以说，在这里，"道德上的"不承认伴随"认识上的"贬低：剥夺一个人作为一个具有法定资格的主体的能力，不仅意味着质疑他们的道德自决能力，而且也总是意味着认为他们没有能力如实报告情况和事实。在我看来，在这种情况下，道德上的蔑视——即剥夺需要特别考虑的规范性地位（这里指法律上的考虑）——直接导致了认识上的蔑视，因为一个不具有责任能力的人同时也必须被剥夺可信地表达真

---

[1] 我在这里撇开了一个复杂的问题，即必须在"道德"和"法律"责任之间作出更准确的区分，正如我后来在《自由的权利》的研究中所做的那样。

相的能力。[1]然而，对于这种情况，我现在的看法是，在其他道德蔑视的情形中也是类似的，每次相应形式的认识上的可信性事后也会受到怀疑：例如，如果一个人违反了承认原则，未能充满信任地支持因友谊、家庭关系或者爱而与自己关系亲近的人，满足他们的需求和倾向，那么这种"道德"上的蔑视很可能产生的后果便是，他们对自己的欲望的表达也会受到怀疑和不信任。[2]

　　如果将这种考虑进一步普遍化，并进行积极地转化，就可以得出以下结论：米兰达·弗里克在谈到"证言感受力"（testimonialen Sensibilität）时[3]，她所想到的认识上的承认

---

[1]　在一份书面评论中，克里斯蒂娜·莱波德（Kristina Lepold）反驳了这一论点，认为即使一个人被剥夺了道德责任能力，人们仍然可以相信她的证言。然而，在我的印象中，日常经验和文学作品中的例子都与此相反：一旦人们认为一个人既没有意愿也没有能力看到自己行为的道德后果并为之负责，就会相信她会为了自己的利益而说出不实之词，而不会把真相看得那么重要。在特奥多尔·冯塔纳（Theodor Fontane）的小说中，总有一些女性出于自我保护，甚至不尝试参与她们圈子里的社交谈话，因为她们知道，由于她们在道德上可疑的名声或被认为很低下的自主决定能力，她们自己的陈述不会被重视。关于冯塔纳同名小说中的"艾菲·布里斯特"和"塞西尔"这两个突出的例子，参见：Burkhard Spinnen, *Und alles ohne Liebe. Theodor Fontanes zeitlose Heldinnen*, Frankfurt/M. 2019, S. 31—52。

[2]　同样，克里斯蒂娜·莱波德认为反过来也是可能的：我们剥夺了一个人在亲密关系中所需要的关注，从而剥夺了这里所要求的道德承认，因为我们不认为他们关于自己情感状态的信息是可信的。但是，如果事先不存在这样的（认识上的）怀疑的理由，这种怀疑与某种道德过失相关，也不存在让我撤回所要求的（道德上的）承认的理由，那么我为什么要突然不再相信一个亲近的人的情感表达呢？

[3]　然而，这种"认识上的承认"概念与几年前安德烈亚斯·维尔特（Andreas Wildt）在弗洛伊德之后提出的概念有很大的不同：ders., »Anerkennung‹ in der Psychoanalyse«, in: *Deutsche Zeitschrift für Philosophie* 53（2005）, H. 3, S. 461—478。对维尔特来说，认知上的承认意味着对心理上不愉快的、痛苦的事实的承认，这种承认是在内心抗拒的情况下实现的。

只是道德承认的次要组成部分，因为对话者首先必须被赋予规范的地位，然后才能对她的可信度进行检验[1]；如果是这样的话，那么也可以说，对一个人的认识上的可信度的感知也是由人们与她的承认关系来衡量的。然而，目前这只是一种基于观察的推测，即认知能力和真诚性在友谊和亲密关系中比在匿名社交圈中涉及更多不同的东西；在那里，人们有理由期待对自己心理状态的真实表达，然而在这里，只有关于道德观点和经验事实的坦率的信息。就此而言，道德上的承认也会先于认识上的承认，因为它决定了在各自的关系中到底要相互评估什么样的认知可信度。

我们还需要讨论的问题是，弗里克的德性伦理学观点与承认理论有什么关系？当然，我并不怀疑，或多或少都会有不错的方式，来实现我们对一个人的其他方面的承认，这取决于语境；例如，对法律主体的尊重可以用完全不同的方式来表达，这些方式可以达到表达尊重他人个人自由的目的，可能有时候更糟，有时候更好——在这个光谱的一头，或许代表着纯粹的不干预，而另一头则鼓励融入法律共同体。和弗里克一样，我也相信，承认在符号表达中的区别并不只是展现不同的个人气质或个人习惯，而是更强烈地展现了一个主体在多大程度上能够完善其对承认的内在需要的直觉——这就是为什么我们没有任何理由反对把尽可能审慎地、能够基于语境感知他人的承认

---

[1] 马修·康登（Matthew Congdon）在某一点上也有类似的观点，尽管在那里他把道德承认的概念直接提到了认知主体的地位。ders., »Knower‹ as an Ethical Concept：From Epistemic Agency to Mutual Recognition«，S. 19.

价值和承认需求的这种能力视为一种个人德性。然而，这里的问题在于，我们是否可以指责人们缺乏这种敏感性，以至于由此导致的状况必须被理解为一种不公正，而他个人对此负有共同责任。这一说法令我担忧的是，它突然有可能将一个人的理想品质变成一种个人义务，而这种义务应该不受时间、地点和社会环境的影响而有效。虽然我理解弗里克观点背后的动机，但我自己却不愿意屈从于它，因为我很担心这会把德性伦理学的优点变成过度扩大个人责任的缺点。

弗里克在她关于解释学不公正的精彩章节中有一个非常重要的例子，我们可以用它来说明这一点。[1]这是一个性骚扰的案例，今天这种性骚扰每天仍然以或多或少恶劣的形式在世界各地的各种工作场所中时常发生。弗里克简要总结了这一事件并进行了分析，她的分析在许多方面都令人信服，并让人印象深刻，因为她对这种本身就众所周知的骚扰过程提出了新的见解：她指出，作案人和女性受害者双方都不能充分理解正在发生的攻击行为，因为他们缺乏将这种情形作为非法行为来体验的词汇。然而，这种解释学上的缺陷只对男性有利，因为这让他的行为在道德上几乎不成问题，即使从他自己的角度来看也是如此，而受影响的女性却只会因此而受到伤害，因为她缺乏语言上的可能性来充分解释发生在她身上的事情，从而无法将其作为一种蔑视其性别的普遍的不公正现象进行斗争。当然，这里我们可以提出这样一个问题，由女性主义运动所创造

[1] Miranda Fricker, *Epistemic Injustice*, S. 149—152.

的"性骚扰"一词是否真的一举改变了这一切；当然，这个概念突然让我们能够把无数女性非常零散的经验结合在一起，置于放大镜下观察，并强调她们共同经历的不公正；而且，也可能是由于这一个新创造的概念，男性体验自己行为的方式也发生了变化，因为现在，即使尽最大努力压制它们，但再也无法否认这种非法性。但这是否同时意味着，长期以来发生的胁迫、攻击、勒索和强迫提供性服务的行为，虽然不总是被双方视为不合法的情形，也许还不必受惩罚，但它仍然违反了规范？当然，遭受这种骚扰的女性受害者缺乏语言来体验其中可普遍化的内核——因此，在遭受不公正后，通常会出现羞愧、尴尬和无助的情绪。然而，这位女性可能已经潜在地意识到发生了某种不公正的事情，因为这违背了她的意愿。就此而言，新创造"性骚扰"一词为不公正经验的集体化创造了语言条件，但没有使个人对违法或犯罪行为的体验成为可能——为了避免"不公正"这一表达，事实上，使用这种表达已经预设某种词汇。

然而，在这个例子中，我感兴趣的是前面提到的问题，即在何种意义上，这种"解释学上的缺陷"的存在构成一种不公正，或者说，用弗里克的话来说，构成了一种**不当行为（wrongdoing）**"——请注意，这里指的不是对女性的性骚扰，而是没有一种可供她们体验这种骚扰的社会通用语言这一事实。为了能够证明我的意思，我将借鉴另一个历史上的例子，它展现了一个由于缺乏语言表达手段而导致歧视的可以用来作为比较的案例。19 世纪上半叶，工人们集体遭遇这样的经验，他们必须在工厂工作，"每天都要完全耗尽所有的精力和体力"；[1]但是，在那几十年里，并不存在一个概念，能够让这种经历成为集体的可通达的，并命名为共同遭受的不公正。恩格斯一定隐隐预感到了这一严重缺陷，因为他似乎一度想为无产阶级读者提供一个关于他们的道德经验的强有力的表达；他试图详细解释，工人们每天不得不遭受的一切只能用"社会谋杀"这一概念来恰当地描述。[2]正如我们今天所知，恩格斯对这一概念的创造并不成功；他创造的这个词并未在工人运动的历史上留下任何重要的痕迹。[3]后来，马克思成功地做到了他的朋友未能做到的事情，通过"剥削"这个概念——他先是通俗地使用这个概念，而后试图科学地论证它——马克思创造了一个口号，一举帮助工人有力地表达他们共同的痛苦。但是，在最初的几十年里，工人阶级遭遇了最严苛的规训和雇佣奴隶制，但没有这样一个可供工人阶级使用的概念，这本身是否已经构成一种不公正呢？如果是的话，那么又是谁实行了这种不公正呢？

当然，这些问题是言辞上的问题，只是为了指出，去期望或者甚至要求掌权阶层（在我们的情形中，掌权阶层是生产资

---

[1] 正如弗里德里希·恩格斯令人印象深刻的描述：ders., *Die Lage der arbeitenden Klasse in England* (1845), in: Karl Marx/Friedrich Engels Werke (*MEW*), Bd. 2, Berlin 1970, S. 225—506, hier S. 327。

[2] Ebd., S.325.

[3] 然而，几十年后，类似的"社会死亡"的概念又有了新的含义，这次是用来描述作为奴隶的痛苦：Orlando Patterson, *Slavery and Social Death. A Comparative Study*, Cambridge/Mass. 2 2018。

料的资本主义所有者）拥有敏感性和解释学德性来弥补工人阶级的表达需求，这是多么的荒谬；参与寻找那些可为工人阶级的集体抵抗提供动力的语言资源，这种行为与这些群体的利益相矛盾，这些利益是实实在在的并在当时的经济关系中被认为是合法的。直到今天，雇佣阶层仍然大概率在忍受这种"解释学上的匮乏"（hermeneutischen Lücke），因为主流语言文化阻碍了他们对不公正的具体体验[1]，而克服这种"解释学上的匮乏"首先是受影响的人自己的任务；正是他们，在与协助他们的知识分子的交流中，必须生产语言工具，以使他们能够正确地表达自己的需求和愿望。诚然，这种情形与弗里克设想的情形截然不同；在他设想的情形下，当然可以期待掌权群体，即那些对女性持蔑视态度的男性，对他们的受害者在连贯地表达自己的经历方面所存在的困难有所感觉；然而，就资本家而言，要求他们关心语言资源的发展，并且其社会后果可能意味着他们自己的垮台，那将是一种荒唐的重大责任——恩格斯本人就是工厂主的儿子和继承人，在这里是一个罕见的例外。尽管这两个例子之间存在这些明显的差异，然而，情况仍然是，这首先总是受影响者自己的任务和关切，即在他们的社会共同体的表达和语言文化上下功夫，直到他们自己的经验能够

---

[1] 关于对无产阶级的经验表达进行"封锁"的当代分析参见：Oskar Negt/ Alexander Kluge, *Öffentlichkeit und Erfahrung. Zur Organisationsanalyse von bürgerlicher und proletarischer Öffentlichkeit*, Frankfurt/M. 1972, Kap. 1；关于19世纪的研究参见：Jacques Rancière, *La nuit des prolétaires. Archives du rêveouvrier*, Paris 1981；关于20世纪的研究参见：Tobias Higbie, *Labor's Mind: A History of Working Class Intellectual Life*, Champaign/Ill. 2018。

在其中得到差不多充分的表达。无论是道德上的还是认识上的
德性，都是值得向往的素质，但既不应该期望每个人有这种素
质，也不应该将其与义务相混淆。

四

在我对承认理论和米兰达·弗里克的认识理论进行三轮
比较的过程中，人们可能已经获得了这样的印象：这两种方
法相对不可调和。这似乎是从关于什么构成社会蔑视核心的现
象学差异开始的（一），并以判断这种蔑视的规范性框架的差
异而结束（三）；只有对已经成为习惯的蔑视的原因进行"社
会学"解释，才出现了一种交集（二），在一定程度上，这种
交集似乎为两种理论的连接提供了前景。在我进行比较的最
后一步，我至少想简明扼要地说明，这两种理论相互联系的
可能性比本文讨论范围更为宽泛。然而，首先，我想回到一个
在我看来分歧最严重的地方，到目前为止我只是顺便提到过它
（本书第 145—146 页）。

米兰达·弗里克坚信，由于"身份偏见"而导致的对人
的认知可信性的蔑视违反了具有普遍有效性的认识实践的条
件；因为我们在话语层面确定关于事实的真理这一努力所取
得的成功，总是与这样一个前提条件相联系，即每个参与者
都被所有其他参与者尊重为一位"有知者"，他有足够的能力
和诚意作出可信的判断。如果偏离了这一"成功的条件"，并

且某些群体出于偏见的原因被剥夺了认识上的可信性，就会导致"总体的认识实践或整个认识系统的功能失调"。[1] 暂且不讨论我把道德上的承认理解为"认识上的尊重"的条件这一复杂情况，在这一点上，两种方法之间出现了另一种差异，这种差异应该相当重要。事实上，正如多次提及的那样，我追随黑格尔，假设道德（或认识）上的承认的标准和观点是随着历史文化的发展而变化的；根据黑格尔的观点，这只适用于现代社会，即每个人——无论其社会等级、肤色和宗教信仰如何——都必须根据活动领域以特殊方式获得与所有其他主体相同的承认。因此，在这种历史制度主义的框架中，预设"授予认识可信度的条件"在规范上一直都是相同的必定被认为是荒谬的，根据这一观点，一个人在认识上的论断具有何种价值，在很大程度上取决于各自制度化的，并因此被普遍认为是正确的承认原则，而不是在这里谈论历史上不变的、普遍有效的规范。我将用一个属于弗里克研究问题领域的案例来说明这里隐含的观点。在认同原则仍然具有制度性约束意义的社会中[2]，如果不给予老年人更高的认识上的可信度，所有参与者就会认为这违反了规范规则；由于一般

---

[1] Miranda Fricker, *EpistemicInjustice*, S.43（Übersetzung A.H.）. 在这一点上，弗里克的论述强烈地触及了阿佩尔和哈贝马斯的话语伦理学的规范前提，参见，例如：Karl-Otto Apel, »Das Apriori der Kommunikationsgemeinschaft und die Grundlagen der Ethik«, in: ders., *Transformation der Philosophie*, *Bd. II*, Frankfurt/M. 1973, S. 358—435；Jürgen Habermas, *Erläuterungen zur Diskursethik*, Frankfurt/M. 1991。

[2] 例如，参见：Bernardo Bernardi, *Age Class Systems. Social Institutions and Polities Based on Age*, Cambridge/UK 1985。

看来，知识、经验和判断力会随着年龄的增长而增长，因此人们普遍认为，若将年轻人和老年人的认知证言在认识价值上等量齐观，就会损害真理的确立。从今天的角度来看，有人在道德上反对这一承认原则，认为其违反了认识话语的规范条件，对我来说，这完全是无稽之谈；因为在这样的社会，人们恰恰把更加信任长辈的"智慧"视为履行规范性义务，而平等对待不同认知，则是道德上的冒犯。因此，若认知正义理论从道德原则出发，在功能结构上参照所有"知情者"平等原则，唯有在制度上已经确立了共同平等的方案之后，才有说服力。

　　然而，我所谈论的历史制度主义要求强调社会实践中的一个要素，这种强调远比米兰达·弗里克那里强烈；如果人们想解释历史地给定的承认秩序是如何被克服的，那么就必须依靠社会冲突所具有的改变社会的力量，在黑格尔之后，我将其称为"为承认而斗争"。这指的是一种社会反抗和反叛的形式，其中主要的动机来源不是对物质改善的兴趣，而是对社会尊重和承认的兴趣。根据历史和社会经济情况，这种斗争通常开始于最小的空间，如私人家庭、工作场所、公共交通或行政大楼，在这些地方，孤立的个人与掌权群体的代表争夺既定的承认规范的意义和有效范围；这些斗争，无论采取什么形式，总归需要精神活动的重新阐释，它们需要找到救赎的口号或解放的表述，才能让人们认识到自己的反抗中的共同点，并从而使自己成为争取承认的集体中的一员，而在此之前，这些斗争仍然只是一些孤立的努力[1]——在过去，这些口号是诸如"剥削""无偿家务"这样的概念或类似于"**我有一个梦想**"这样的绝妙句子，而今天，在互联网时代，它们是"#MeToo"或"#Black Lives Matter"等缩写。在我印象中，弗里克并没有把这种反对蔑视和排斥的斗争理解为反对认识可信度之不平等分配的斗争的内在组成部分；然而，在我看来，其关系如此密切，以至于在谈到既定的认知可靠性的评估标准的同时，人们还应该发出反对这些标准的呼声。[2]我认为这两种特征共存的原因在于，这种承认规范或原则本质上太具有争议性和辩论性，以至于无法提出合理的问题和关注；因为无论这里的既定规范是什么，它总是提供了批评和怀疑的空间，因为它规定了某种类型的相互承认——甚至在冯塔纳（Fontanes）的小说中，在认识上不公正对待女主人公的例子比比皆是，主人公自己的表达被认为只具有较低的认知价值，受此影响，在她们那里反复出现无声的怨恨，这些怨恨往往伴随内心的反叛、绝望的退缩或抑郁的倾向。[3]

---

[1] 参见：Axel Honneth, »Gibt es ein emanzipatorisches Erkenntnisinteresse？ Versuch der Beantwortung einer Schlüsselfrage kritischer Theorie«, in：ders., *Die Armut unserer Freiheit*, Berlin 2020, S. 290—319。

[2] 在"认识上的不公正"方法的倡导者中，有一个例外，他没有同时强调与这种认识上的不公正进行的长期斗争，这就是何塞·梅迪纳（José Medina）：ders., *The Epistemology of Resistance. Gender and Racial Oppression, Epistemic Injustice, and Resistant Imaginations*, Oxford 2013.（Den Hinweis auf die Studien von Medina verdanke ich Kristina Lepold.）

[3] 关于冯塔纳小说中对女性的认识维度的蔑视，参见 Burkhard Spinnen, *Und alles ohne Liebe. Theodor Fontanes zeitlose Heldinnen*。然而，冯塔纳也经常谈到受过教育的女性如何因其被剥夺的承认而进行报复，她们或多或少公开地嘲笑或攻击她们那些男人，指出他们实际上是由于缺乏知识和认知上的不可靠才大摇大摆的；这方面的典型可参考 *L'Adultera*（1882）中的人物 Melanie van der Straaten。

　　然而，与此同时，冯塔纳的女性角色的例子很好地表明了，认识上的蔑视经验对于那些受影响者而言，实际上在存在上是多么严重；一个人在正式或私人场合的谈话中，被认为是无知的、不够中立的或不真诚的，在其日常的受歧视的经历中，没有比这更严重的了。认识上的不公正理论的最大贡献就是清楚地指出被压迫和无权势群体成员的自我关系中的伤口；它打开了进入社会蔑视的一个维度的通道，而在承认理论中，由于其道德理论取向，这一维度从一开始就被不可原谅地忽视了。因此，这里主要从将女性降格为单纯的性对象、剥夺其除家务以外的所有能力，或在政治事件中将其边缘化这些方面来考察对女性的压迫，以便选取其中一个受影响的群体；[1] 所有这些形式的蔑视都被反思地解释为侵犯女性道德身份的象征，而没有意识到在这个过程中，对她们的认识成就的臭名昭著的贬低，同样甚至是更严重的压迫个人。这并不意味着我默默取消了前面提出的观点，亦即指出道德上的承认优先于认知上的承认（本书第 149 页）；但它意味着，在相互承认的过程中，对认知能力的评估和认同比承认理论迄今所讨论到的内容要重要得多。[2]

　　在我看来，若能承认这一点，就可以将两种理论联系起来。就承认理论而言，这样的大胆尝试并不要求放弃道德承认

[1] 参见比如：Timo Jütten，»Sexual Objectification«，in：*Ethics* 127（2016），1，S. 27—49。

[2] 我最接近蔑视的这种认识维度的文本参见 Axel Honneth，»Unsichtbarkeit. Über die moralische Epistemologie von ›Anerkennung‹«，in：ders.，*Unsichtbarkeit. Stationeneiner Theorie der Intersubjektivität*，Frankfurt/M. 2003。

的社会本体论优先性这一假设，但它需要理解认知上的承认的相对自主性和价值；即使对一个人的认知上的信任和蔑视，只有在对其进行道德上的贬低之后才有可能发生，但这并不意味着，第一种形式的蔑视总会让受影响者体验到第二种形式的蔑视：在人们看来，在关于有效理由的对话交流中，在认知上不太可靠，在知识上相对欠缺，而在感情上充满偏见——仅仅基于这些外部特征，便已经构成了经验上的一种**独特的**（*sui generis*）蔑视。另一方面，就认知上的正义理论而言，尝试将这两种方法结合起来，可能需要放弃这样一个前提，即认知上的承认标准不依赖于时间和文化：从今天的角度在我们看来是过去时代的"身份偏见"的内容，如果仔细观察会发现，在当时却是一个有根据的判断，它扎根于所有社会成员都无异议地接受的世界观。如果这两种方法通过这些相互修正能够结合到一起，那么我就看不出，它们为何不能共同发展出一种更为强有力的社会承认理论呢？

说　明

　　第一部分的文本（"承认理论的批判问题""评朗西埃的哲学方法"和"讨论"）以及雅克·朗西埃的"平等的方法：政治与诗学"首次以英文发表在 "*Recognition or Disagreement. A Critical Encounter on the Politics of Freedom，Equality，and Identity*，hg. v. Katia Genel und Jean-Philippe Deranty，New York：Columbia University Press 2016" 一书中。包括这个英文版本在内，目前克里斯汀·普里斯（Christine Pries）的这个德文版本是根据由卡蒂亚·热内尔（Katia Genel）翻译并由朗西埃和让-菲利普·德兰蒂（Jean-Philippe Deranty）审阅的法文版本 "*Reconnaissance ou mésentente？Un dialogue critique entre Jacques Rancière et Axel Honneth*（Paris：Éditions de la Sorbonne 2020）" 翻译的。霍耐特本人将其"评朗西埃的哲学方法"以及他的讨论发言从英语改写成了德语；最后一个文本"社会蔑视的两种解释：认识上的承认与道德承认之比较"则是一篇原创文章。

图书在版编目(CIP)数据

承认还是歧义？：一场辩论/(德)阿克塞尔·霍
耐特,(法)雅克·朗西埃著；蓝江,刘利霞译. 一上
海：上海人民出版社,2024
(霍耐特选集)
书名原文：Anerkennung oder Unvernehmen? Eine
Debatte
ISBN 978 - 7 - 208 - 18687 - 3

Ⅰ.①承… Ⅱ.①阿… ②雅… ③蓝… ④刘… Ⅲ.
①哲学-世界-文集 Ⅳ.①B1-53

中国国家版本馆 CIP 数据核字(2023)第 248368 号

责任编辑 毛衍沁
封面设计 胡　斌

霍耐特选集

承认还是歧义？
——一场辩论
[德]阿克塞尔·霍耐特　[法]雅克·朗西埃 著
蓝　江　刘利霞 译

出　　版　上海人民出版社
　　　　　(201101　上海市闵行区号景路 159 弄 C 座)
发　　行　上海人民出版社发行中心
印　　刷　上海商务联西印刷有限公司
开　　本　635×965　1/16
印　　张　13.75
插　　页　4
字　　数　138,000
版　　次　2024 年 3 月第 1 版
印　　次　2024 年 3 月第 1 次印刷
ISBN 978 - 7 - 208 - 18687 - 3/B · 1725
定　　价　62.00 元

马克斯·霍克海默

《启蒙辩证法：哲学断片》

《批判理论》

《文化批判》

《理性之蚀》

特奥多·阿多诺

◇ 阿多诺选集·哲学

《道德哲学的问题》

《否定的辩证法》

《美学理论（修订译本）》

《最低限度的道德：对受损生活的反思》

《黑格尔三论》

《认识论元批判：胡塞尔与现象学的二律背反研究》

《本真性的行话：论德意志意识形态》

《批判模式》

《棱镜》

◇ 阿多诺选集·音乐

《论瓦格纳与马勒》

尤尔根·哈贝马斯

《交往行为理论(第一卷)：行为合理性与社会合理化》

《包容他者》

《后民族结构》

《欧盟的危机：关于欧洲宪法的思考》

《社会科学的逻辑》

《真理与论证》

《在自然主义与宗教之间》

Frankfurter Schule
法兰克福学派书系

阿克塞尔·霍耐特

《权力的批判：批判社会理论反思的几个阶段》

《为承认而斗争：论社会冲突的道德语法》

《承认：一部欧洲观念史》

《理性的病理学：批判理论的历史与当前》

《再分配还是承认？——一个政治哲学交辩》

《正义的他者》

《时代的活体解剖：20世纪观念史肖像》

《承认还是歧义？——一场辩论》

Frankfurter Schule
法兰克福学派书系

南希·弗雷泽

《食人资本主义》

《正义的中断：对"后社会主义"状况的批判性反思》

《正义的尺度：全球化世界中政治空间的再认识》

《伤害＋侮辱：争论中的再分配、承认和代表权》

哈特穆特·罗萨

《新异化的诞生：社会加速批判理论大纲》

《不受掌控》

《晚期现代社会的危机：社会理论能做什么?》

莱纳·福斯特

《辩护的权利：建构主义正义论的诸要素》

《正义的语境：超越自由主义与社群主义的政治哲学》

《冲突中的宽容：一个争议性概念的历史、形态和当下境遇》